脱・価格競争で売れ。

実践アドバンテージ・マーケティング

堀田 周郎

はじめに

こんにちは、堀田周郎《ほりたのりお》です。

マーケティングの手法に、ブランディングの概念を加えた仕組みづくりや、活動、理念を「アドバンテージマーケティング」と名づけ、兵庫県姫路市でコンサルタント業を仕事にしています。

本書では、私がこれまでの実践から修得した価格競争なしでお客さまから選ばれる仕組みづくりや広告代理店に頼らずにできるブランディングの手法をお伝えしたいと思っています。

ただ、その前に、皆さまにお話しなければいけないことがあります。

２０１６年8月20日。私は祖父の代から66年続いた播州ハムという会社を清算しました。この話を避けて、本を書き進めることは難しいと思っています。

長文になりますが、ご一読いただければ幸いです。

１９８５年。甲南大学卒業後、私は家業である播州ハムに入社しました。

播州ハムは１９５０年（昭和25年）に祖父・保次郎が創業しました。しかし、戦後間もない当時は「より安く、より大量に」といった考え方が主流で本格的なハムは売れず、私が入社した頃には食肉パックの卸売が主な業務となっていました。

もう一度、ハム屋として復活したい。

その想いからハムづくりの修行を続けました。しかし、満足できるハムやソーセージはつくれるようになったものの、地方の小さな会社の製品を知っていただく手段やお金はなく、悔しい思いの毎日を過ごしました。

そんななか、１９９５年1月17日。

あの忌まわしい阪神淡路大震災が発生しました。

この地震は私にとって人生の大きな転機となりました。

友人の家族が亡くなったり、会社社屋が倒壊したのを目のあたりにして「いつ何が起こるかわからない。自分が正しいと思うこと、楽しいと思うことを仕事にして人生を全うしたい」と思うようになりました。

また、地震がきっかけでもうひとつ大きな転機がありました。

当時、青年会議所に所属していた私は震災ボランティアをしている時にパソコン通信という情報伝達手段に出会いました。趣味として始めたパソコン通信がきっかけとなり、１９９７年７月からネット通販を開始。当時は、ネット通販自体が珍しかったので、多くのマスコミで取り上げていただき、日経ネットショップランキングの食品部門１位を獲得するなど大きく世間に露出することができました。

それまでの「良い商品をつくっても売る場所がない」という問題はこれで一気に解

決しました。インターネットは神様からの贈り物だと思いました。

しかし、ネット通販は大手が本格的に参入すれば、我々小さな会社はひとたまりもないと考え、２０００年頃からブランディングを強く意識するようになりました。

ブランディングの必要性を意識してからは
「運良く」ではなく「狙って」認知度を上げていく方法を考えるようになり、様々な手法を模索しました。

当時視聴率が高く人気番組だった「どっちの料理ショー」に特選素材選出されたことは成功事例のひとつと言えます。この番組は「狙って」取り上げていただきました。

そのほか、権威ある日経新聞の「ごちそうハムランキング」で１位に選ばれたのは予想外の出来事でしたが、その前段階として日経新聞に播州ハムという存在を知ってもらうために「狙って」行動していました。

２００６年には蓄積したノウハウを使って、地元のＢ級グルメであった姫路おでんのブランドづくりのお手伝いをすることもできて、再現性のあるブランディング手法を確立したと確信しました。

しかし、２０１６年８月20日ハム屋を清算しました。

「なぜ？　信じられない」という言葉をお客さまから異口同音にいただきました。
実は、播州ハムの経営は１９９５年の地震の後、赤字に転落し、もしもネット通販に出会っていなければ２０００年頃には倒産したかもしれない状況でした。
その後は少しずつ回復し、２００８年のリーマンショックの年には近年最高益も出すことができましたが、２０１４年～15年の2年間で原料費や運送費が高騰し、商品を値上げしてもまったく追いつかない状況になってしまっていました。

本書では、「価格は高く設定しろ」というブランドの教科書に書いてあるフレーズが出てきますが、ブランディングを始めた当初は、私自身がその考え方を理解できずに、商品開発当初に余裕を持った値付けができなかったことが失敗の原因でした。

ブランドを意識し始めてから、ブランドらしきものができるまでに無駄な回り道や失敗をいっぱいしてきました。あの頃に戻って「最初からこうすれば、短期間で正しいブランディングができるよ」と当時の私にアドバイスできたらと考えることがありますが、過去の自分はどうしようもありません。

でも、皆さんにはそんな回り道はして欲しくない。

そんな思いがあってコンサルタントという道を選びました。

清算の理由はほかにもあります。

たとえば、弊社は定年後も希望すれば七十歳を過ぎても働くことができました。

これは安い給料で帰属意識の高い人材を確保できた反面、次の時代を担う人材を確保できなかった結果につながってしまいました。そういった人づかいの面での甘さや、コスト高のこだわりのハムづくりに固執したのは経営者として失格だったのかもしれません。

しかし、最後はブランディングができていたおかげで、小さな会社の閉店というニュースがマスコミで大きく報道され、在庫はすべて完売。お世話になった取引先や金融機関に不義理することなく清算でき、従業員さんへの退職金に加えてパートさんにも慰労金を渡すことができました。再就職斡旋もフェイスブックの拡散により、スムーズに行うことができました。ありがたいことにM&Aの打診も複数いただくことができました。今、思い返しても、感謝感謝の連続の日々でした。

閉店後は、2016年12月に、有限会社播州ハム工業所をHAM株式会社に商号変更し、これまでのノウハウをまとめてコンサルティング業務を開始しました。

ハム屋時代には、こうした話を語ることは自社のブランディングにとってマイナスになると考え控えてきましたが、今はコンサルタントとして本音の話を隠すところなくお伝えしています。また、私自身が経営者でしたので「コンサルの提案は、理屈では分かっても自分の会社に落とし込むのは無理」とおっしゃる社長さんの気持ちをよく理解できるのも、私の強みだと思っています。

本書では、ブランドをつくる手法「ブランディング」を中心に話を書きました。

私は、学者や評論家ではないので、実体験に基づいた話しか書けません。

「うちは小さな会社だから関係ない」と言う社長さんには、大企業より、中小企業や個人商店の方がブランディングしやすいという事実を、「うちは、企業間取引だから」「特殊な業種だから」と言う社長さんには、ブランディングのメリットは知名度向上だけでなく、価格競争からの脱却、信用力の向上、雇用対策の改善などにも役立つという事実を、知っていただきたいと思いながら書きあげました。

本書がまじめに頑張っている社長さんのお役に立てば幸いです。

◎もくじ

第3章　強いブランドのつくり方

第4章 今さらですが、ブランドの基礎知識

第5章　ネーミングとロゴが必要な理由

第6章　マスコミを使って「無料」で価値を伝える

第7章 インターネットで価値を伝える

第1章

ブランディングは小さな会社が有利

ブランディングが変わった

私たちは日常の会話で、「あのブランドが好き」とか「このブランドは失墜した」とか、ブランドについて語ることがあります。

でも、そもそも「ブランド」って何でしょう?

ちゃんと定義できる人って少ないと思います。

ブランドと聞いて思い出す名前にはシャネルやロレックス、メルセデス・ベンツといった商品名や企業名が多いので、ブランドとは高級品や高額商品のことだと思っていたり、そのロゴマークだと勘違いしていたりする人も多いかと思います。

しかし、ブランドの事例としてよく紹介されるコカ・コーラや、氷菓の「ガリガリ君」はけっして高級でも高価でもありません。

ブランドとは、
競合する商品やサービスと区別する
お客さまの心のなかにある「価値」そのものです。

その価値をお客さまの心のなかに
刻み込むために行うコミュニケーション活動を
ブランディングといいます。

本書ではこの「ブランディング」について解説していきます。

あなたは、中小企業や個人商店の方が、大企業よりブランディングが簡単だという事実をご存じですか？

これまでのブランディングは、すでに知名度がある大企業が何億円もの費用を掛けて、テレビＣＭなどによってブランドイメージの認知を図る手法だったので、中小企業や個人商店には縁のないものでした。

予算を抑えて地元の広告代理店やデザイン会社に依頼したら、チープなロゴマークと広告スペースを買わされたとか、綺麗だけれど自社イメージとはまったく異なるデザインを制作されたなど、失敗例もよくありました。

しかし、世の中はインターネットの登場によって大きく変わりました。

私は、1997年にネット通販を始めたときに、大企業と同じ土俵で勝負ができるインターネットは神様からの贈り物だと思いました。それから20年がたちましたが、近年のSNS（ソーシャル・ネットワーキング・サービス）の普及を見るにつけ、ますますその思いは強くなっています。

また、パブリシティ（主にマスコミを利用した広報活動）を成功させれば、高額な費用をかけたマス広告（テレビ、ラジオ、新聞、雑誌の4媒体に掲載する広告を「マス広告」と言います）以上の訴求効果のある告知ができます。

ブランディングは、低予算でできる時代になりました。

これまでマーケティングは、販促を中心に語られてきました。
しかしモノ余りの今は、ブランディングを理解しないと、企業の規模や業態にかかわらず、お客さまから商品やサービスを選んでいただけない時代になりました。
ブランディングに不可欠な絞り込みは、シェア獲得のために八方美人的なマーケティング手法を取らなければならない大企業より、規模が小さい企業ほど簡単です。

ブランドは時間がたてば自然にできるものではありません。

播州ハムは1950年の創業でしたが、2000年にブランディングを意識するまでは、地元の人でさえ姫路にハム屋があることをほとんど知らない状況でした。
大手も含め、企業名は知っているけれど、何をしている会社かわからないという事例はたくさんあります。

ブランドは「狙って」つくるものです。

弱点の中に光明を見いだす

ブランディングの第一歩は、自分の会社や商品・サービスの「こうありたい」と思う理想の姿を決めて、それ「らしく」振る舞っていくことです。

従業員一万人の会社が「ブランドをつくるぞ！」と意思決定をして、それを周知徹底するのには時間がかかります。しかし、

・百人の会社なら社長が本気になれば一ヶ月で周知徹底できます
・十人の会社なら明日から変わることも可能です
・一人の会社なら決断した瞬間に変わることができます

従業員やお客さまとの距離が近いことは、
小さな会社の大きなアドバンテージ（優位性）です。

また、同族会社や、非上場会社の方がブランディングには有利です。

上場企業の雇われ社長は、任期中に結果を出す必要があります。それに比べて未上場のオーナー企業は、株主から無理な妥協を強いられることがないので、創業者の理念やブランドの精神を引き継ぐことが容易です。

松下幸之助氏のパナソニック創業の精神や、井深大氏と盛田昭夫氏が築いたSONYの革新的イメージは今も受け継がれているのでしょうか？

中小企業や個人商店の多くは、次のような悩みを抱えています。

・規模が小さい
・たくさん作れない
・販売チャネルがない

でも、安心してください。ブランド価値は企業規模に比例しません。需要に供給が追いつかないことや、どこでも買えないことはけっして短所ではありません。

行列のできるラーメン屋が、店舗を増築したらつぶれてしまった話や、地方の名産品が全国展開したら、破綻したと言う話を聞いたことはありませんか？

「多品種を作れない」、「ローテクで古い機械装置しかない」といった悩みも、見方を変えれば「限定生産」、「守り続けた伝統の製法」といった具合に長所に置き換えることが可能です。

「短所」は少し見方を変えると「長所」に変わります。

SNSは社長が発信すべきです

２０１６年のアメリカ大統領選挙でクリントン候補がトランプ氏よりも二倍の選挙資金を使ったのに敗れましたが、トランプ氏本人が「勝因はSNSの活用にあった」と発言。トランプ陣営は相手陣営の六倍近いSNS関連費用を使ったと伝えられています。トランプ氏は大統領に就任後もツイッターで、既存メディアに対抗するかのように、歯に衣を着せない発言を書き込み続けています。

日本でも、多くの政治家や経営者がSNSを活用するようになりました。たとえば、ソフトバンクの孫 正義氏もツイッターで発言することで個人ブランディングを確立、それが「ソフトバンク」という会社の信頼につながっています。

トランプ大統領や孫社長の事例は、大企業では少数です。

多くの大企業は、社長個人の発言が企業イメージに与えるデメリットを恐れてSNSに消極的なスタンスをとっています。


ここに小さな会社の活路があります。


社長のなかには、「忙しくて時間が取れない」、「炎上が怖い」といった理由から、SNSを敬遠している方もいるかと思います。私も以前はそう考えていたことがありました。

しかし、SNSには接触頻度を高めることで人との関係性を深めることができるという特性があり、これをビジネスに活用しないのはもったいないと思います。

社長は企業ブランドのシンボル的存在として、積極的にSNSを使って企業の理念を情報発信すべきです。

人間の脳は、忘れるようにできています。

「顧客に忘れられる」

これは、商品やサービスが売れなくなる大きな原因のひとつです。
営業マンが何度も得意先に顔出しするように、ブランドもお客さまとの接触頻度を高める必要があります。そしてお客さまが購入を検討した際に、最初に思い出してもらえるポジションをめざします。

一般に接触頻度と好感度は正比例します。
ツイッターやフェイスブック、インスタグラムといったＳＮＳでの接触回数が増えると、人はその人と頻繁に会っているような「錯覚」を覚えます。
できれば１日１回を目標にＳＮＳへの投稿を続けてください。

社長個人のＳＮＳでの発言に、「好感」「共感」を持った顧客は、やがて企業に対しても「信頼」を持つようになります。

文章力は、書き続けるうちに高まっていくので心配無用です。

中小企業がＳＮＳを企業ブランディングに活用しようとするときには、社長もしくは責任ある立場の人が行うべきです。企業を愛し、誇りを持っている責任者の気持ちは、たとえ、言葉足らずだとしても、お客さまの心に必ず届きます。

しかし、ＳＮＳやブログでは、人柄がにじみ出てしまうため注意も必要です。

こんな書き込み見たことはありませんか？

・ネガティブな話題ばかり書く社長
・売り込みばかり書く社長
・私生活を見せびらかす社長
・書いてはいけないことを書く社長

ＳＮＳを使ってみんなで楽しく趣味の話題で盛り上がっているときに、雰囲気を壊すような発言や、商品の売り込みをする人を、他の参加者はどう思うでしょうか？

お客さまの悪口やプライベート暴露、違法行為など一般常識で考えて書いてはいけないことを書く人を、他の参加者はどう思うでしょうか？

極端に多すぎる接触や、売り込みだけが目的の接触も、逆効果になるので注意が必要です。これは「他人の感情には無関心です」、「経営者として無能です」と道の真ん中で拡声器を使って叫んでいるのと一緒です。

いくら企業や商品のブランドを優れたデザインやコピーで飾り立てたとしても、社長の行動や発言がブランドコンセプトから外れていては、悪いクチコミの導火線となってしまいます。使い方を間違えると、ＳＮＳやブログは逆効果になります。

不特定多数の人に見られていることを意識して、自分の文章や写真が相手にどう伝わるかを常に意識しながら投稿する注意が必要です。

◇第1章のポイント

ブランドは「狙って」つくる。

ブランディングとは、お客さまの心のなかに価値を刻み込むコミュニケーション活動。

ブランディングは多額の予算が必要だったが、インターネットやパブリシティを使えば低予算でできるようになった。

ブランディングは、大企業より小さな会社の方が実は簡単である。

第2章

価格競争なしで選ばれるために

私の常識、世間の非常識

ある特殊な装置を製造している業界の方と面談をしていたときの話です。

「ウチの商品は業界ではごく普通で、特色はないんです」とその人は言い、最後に「これは、腰痛治療にも使える装置です。今の腰痛治療は対症療法ですが、この装置を使えば完治も可能です」とあっさりと説明されました。

そもそも特殊な業界の話という時点で、私には新鮮で驚きの連続だったのですが、腰痛に効果があるという商品については「それって、世間にちゃんと伝えることができれば、とても大きなビジネスチャンスじゃないの？」と思いました。

長年やっているため、社内では当たり前だと思っていることや弱点だと信じ込んでいるもののなかに「価値」があることがあります。

私が経営していたハム屋でも、こんな例がありました。1950年の創業以来、使い続けている炭火を熱源とした古い燻煙釜がありました。確かに最新式のスモークマシーンより、味わい深いハムができたのですが、私たちにとっては毎日使っている燻煙釜でしたし、最新式のスモークマシーンを使っていなかったのは「高くて買えなかった」「大量につくる必要がなかった」というのがその本当の理由でした。

2002年に人気テレビ番組「どっちの料理ショー」の下見で訪れたディレクターから「凄いですねぇ～。これは絵になる」と言われるまで、この燻煙釜に価値があるなんて、弊社の人間は誰も気がついていませんでした。まさか、真っ黒になった古い燻煙釜に価値があるなんて……。

ディレクターはその後こう言いました。「お願いですから、取材日までこの燻煙釜をピカピカに磨き上げないでくださいね」

絶対的な価値というものはありません。価値は見る人の心のなかに生まれます。

「こだわり」はNGワード

価値を探していくと「そうだ！　我が社は徹底的にこだわっている。これがウチの独自の価値だ！」いう結論に達することがあります。

でも、ごめんなさい。価値を語るとき「こだわり」という言葉はＮＧワードです。

◇理由その１．使い古された言葉
健康にこだわった、品質にこだわった、産地にこだわったなど、世の中には「こだわり」という言葉が氾濫しています。ファストフードやスーパー、コンビニの商品ですらこの言葉は使われています。

使い古された言葉では違いを表現することはできません。

使い古された言葉ではお客さまの心に突き刺さりません。

◇理由その2．こだわると同質化する

同業他社のホームページを一度見比べてください。

たとえばハム屋だと「原料にこだわりました」「熟成期間にこだわりました」「製法にこだわりました」と書いてありませんか？　その原料になる豚も「品種と餌にこだわりました」「飼育日数にこだわりました」「飼育環境にこだわりました」と書いてありませんか？

ほ〜ら、どこのホームページを見ても同じことが書いてあり、こだわりの差で選ぶことなんてできませんよね。これはどの業種でも同じだと思います。こだわればこだわるほど同質化してしまいます。

こだわりという言葉を使いたくなったら、そのこだわりをイメージできる具体的な表現に置き換えられないか考えてください。

「厳選」「極上」「最高」も同じ理由でこれらの言葉もＮＧワードです。

価格で価値を宣言する

商品の値段はどうやって決めていますか？

価格を決定するときは、製造原価（または仕入原価）に必要な利益をプラスして決めたり、競合商品の価格を考慮して決定したりするケースが一般的には多いと思います。

しかし、原価六百円、売価千円の商品を「売れないから」といって原価割れの五百円にしても、お客さまが不要だと思えばまったく売れないし、ひょっとすると無料でも引き取ってもらえないかもしれません。逆に、売価千五百円でも、お客さまが「絶対に欲しい」と思えば飛ぶように売れます。

価格は、商品購入の判断材料のひとつです。

お客さまは三千円だからこれくらい、五千円だからこれくらいの価値があるだろうと判断する場合があります。まったく売れなかった商品の値札に間違って「0」をひとつ余計に付けたら売れてしまったという事例を聞いたことがあります。もちろん、すぐに訂正したそうなのですが、これって顧客心理を考える上で面白いと思いませんか？

ですから、逆に安すぎて売れないというケースも考えられます。本物のシャネルのバックに五千円の値札をつけたら、たぶんニセモノだと判断されるのではないでしょうか？

価格とは、商品・サービスの「価値宣言」です。

ブランディングを考える際に、価格設定はとても大事な要素になります。

売れないからといって安い値段をつけることは、お客さまに「私の商品はこの程度の価値しかありません」と宣言しているのと同じです。

昔、姫路城の近くにあった温泉施設の話です。
この温泉施設は入泉料千八百円、十八歳未満お断りの落ち着いた大人の雰囲気の店舗をめざしていました。しかし、姫路の地ではその価格設定が認められず、
入泉料は千八百円→千三百円→八百円→三百五十円→八百円、
年齢制限も十八歳以上→十三歳以上→八歳以上→撤廃と迷走を重ねました。

このとき、私の印象に深かったのは、入泉料を三百五十円にしたときのことです。

さすがにここまで安くすると客層はガラリと変わりました。なんと、姫路城周辺のホームレスが銭湯代わりに使用したり、近所の中学生が長時間カードゲームをするために訪れたりするようになりました。

すると、店内の雰囲気は一変。入泉料千八百円の頃に来ていた、入浴以外に飲食やマッサージなどでたくさんお金を落としてくれた客層の姿はまったく見られなくなりました。これには施設側も慌てたようで入泉料を八百円まで戻しましたが、後の祭りでした。

今となっては結果論にすぎませんが、当初の千八百円を維持して、その価格設定に見合った価値を提供できる温泉施設をめざすべきだったと思います。

ブランドのコンセプトに「安い」はNGワードです。

安いというキーワードをブランドの価値として提供してしまうと、その後のブランディングに大きな影響を与えます。

・安いけど高品質の衣料品小売チェーン
・うまい、安い、早いでお馴染みの丼屋
・五十九円で売ってしまったハンバーガーショップ

少しでも値上げすると苦戦してしまうのは、「安いから買う」という客層からの支持を失ってしまうのが一番の理由です。

ターゲットの目線から考える

他社とは違う独自の価値を明確にすることは、ブランディングにとって重要です。しかし、いくら企業が「これが我が社の独自の価値だ」と宣言しても、お客さまに「他社とは違うけれど魅力を感じない」と判断されたらその時点で終了です。

スペックを競い合ってもお客さまの心に届かなければ意味がありません。

アップル社の設立者スティーブ・ジョブスは「美しい女性を口説こうと思ったとき、ライバルの男がバラの花を十本贈ったら、君は十五本贈るかい？　そう思った時点で君の負けだ。ライバルが何をしようと関係ない。その女性が本当に何を望んでいるのかを見極めることが重要なんだ」と言っています。

ターゲットの目線から考える。この考え方は大事です。

これは商売でも同じです。わからない場合は、上得意のお客さまに「なぜウチの商品を買い続けてくれるのですか?」と尋ねるのも良い方法です。ひょっとすると予想もしない答えが返ってくるかもしれません。また、お客さま心理が分かっている人に聞くというのも有効な手段です。

それでも「本当に日本で唯一、業界で唯一の独自の価値なんてやっぱり自分の会社では見つからない」と言う人もいるかと思います。しかし、どこの会社にもたったひとつのものは必ず存在します。それは「個人の想い」です。

創業者の夢、現経営者の信念と情熱。これればかりは同じものはひとつとしてありません。実はブランディングとは、会社理念や存在意義の再確認作業でもあります。まずは、今ある価値を再発見してください。

そして、その価値に個人の想いを乗せることができれば、世界にひとつしかない独自の価値をつくりあげることができます。

お客さまと関係を築く

価格競争なしで選ばれるためにはブランド力を高め、お客さまとの強い信頼関係を築くことが大切です。

ブランディングは「恋愛」に似ています。好みじゃない人、しつこい人からの告白が嫌われるように、お客さまにとって興味のない企業からのアプローチは迷惑ですし、好意を持っている企業でも売り込みばかりだと逆効果になります。

お客さまとの顧客接点は多岐にわたりますが、お薦めはフェイスブック、ツイッター、インスタグラムといったSNSの活用です。SNSで発信される情報の選択権は、お客さま側にあるので自然な形で接触頻度を上げることができます。

SNSは「共感」を拡散させるための最高のツールです。

お客さまは企業からの広告より、
友人や家族からの推薦やネット上のクチコミを信頼するようになりました。
ニールセンの広告信頼度グローバル調査（２０１５年９月）でも、
・信頼度１位　友人、家族からの紹介　83％
・信頼度２位　企業（ブランド）ウェブサイト　70％
・信頼度３位　インターネット上の消費者の口コミ　66％
という結果が報告されています。
しかしＳＮＳは、五感のうち視覚と聴覚でしかブランドの価値を伝えることができずその効果には限界があります。そこで、お客さまの信頼を得るためにはＳＮＳだけではなく、接客、店舗、販促物、クチコミ、広告といったすべての顧客接点を通じて価値を伝えなければいけません。

信頼関係を築くためには、コミュニケーションの「質」と「量」が必要です。

お客さまの役に立つ

知人のファイナンシャル・プランナーの話です。

あるとき彼は、年金生活をしている高齢の男性から「保険の支払いが高額なので解約を検討している」という相談を受けました。

最初は、相談者の健康状態から継続をアドバイスしましたが、奥さんと話をしているうちに相談者が8年前に高度障害状態になったにもかかわらず、不当に保険金の支払拒否と住宅ローンの免除拒否をされていることに気づきました。

そこで、医師の診断書を添えて保険金の再請求をしたところ、相談者は保険金と、既払保険料、既払住宅ローン、利息の還付を合わせて三千四百三十万円を受け取ることができました。

いい話ですね。もし、私がその相談者の立場なら、恩人の彼が薦める商品なら無条件で購入してしまうと思います。

商品やサービスの提供を通じて、お客さまの役に立つ
これが、お客さまとの関係をつくる一番の秘訣かもしれません。

逆に、商品やサービスに問題があるのに人間関係が親密だと、知り合いなので文句が言いにくい。断れないといったデメリットが出てきます。
「信頼感」があってこそ、お客さまとの関係は成り立ちます。
「商品力」があってこそ、お客さまとの関係は成り立ちます。

ブランディングは恋愛に似ています。告白してその想いが届いたとしても、それはゴールではなくスタートラインです。ブランディングも売った後が本番です。
お客さまとの関係を深め、売れ続ける仕組みを築くことが大切です。

コミュニティをつくる

共感する人と人とがつながるとコミュニティが生まれます。
もし、マス広告に使う経費があるのなら、
コミュニティを育てる投資に回す方がブランディング効果があります。

エルメスやシャネル、ルイ・ヴィトンといった高級ブランドは、得意客を対象としたパーティーを開催し、招待客の「自分は選ばれた人間である」という承認欲求を満たすことでブランドへの帰属意識を高めています。

もちろん、コミュニティの場は豪華なパーティーでなくても大丈夫です。
食事会や試飲会、体験会など楽しく交流ができ、ブランドへの愛着と理解が深まる企画であればどんな形式でもかまいません。参加費をとっても問題ありません。逆にお金を払ってでも参加してくれるファン客に、参加費以上の「ブランド体験」を提供する方が正解だと思います。

神奈川県藤沢市で養豚業を営んでいる「株式会社みやじ豚」では毎月、みやじ豚を使った野外バーベキューを開催してブランド豚肉の認知度を高めています。

兵庫県姫路市の酒蔵「本田商店」では在来種の酒米「神力米」を知ってもらおうと、神力米の田植えと稲刈りイベントを開催して顧客との交流を図っています。

近年、ブランディングは企業からの一方通行ではなく、お客さまと共につくりあげるものに変化してきました。

強いブランドには、それを支えるファン客の存在があります。

ぜひ、ブランドのコミュニティづくりにチャレンジしてください。

◇第2章のポイント

弱点や当たり前と思っているもののなかに「価値」が隠れている。

価値は見る人の心の中に生まれる。

価格とは商品・サービスの「価値宣言」

今ある価値を再発見し、それに個人の想いを乗せれば「独自の価値」がつくれる。

お客さまとの関係を深め「売れ続ける仕組み」を築く。

第3章

強いブランドのつくり方

ブランドに「らしさ」はあるか？

強いブランドにはブランドらしさ（個性や固有のイメージ）があります。

たとえば、コカ・コーラには一目でそれとわかるロゴ、ブランドカラーの赤色、くびれた形状のボトルデザイン、爽快なイメージを伝えるメッセージと独特の味。どこをとっても「コカ・コーラらしさ」が存在しています。

ユニクロとGUは、どちらもファーストリテイリングのグループ事業ですが、ユニクロがすべての顧客をターゲットにしているのに対して、GUは若い女性層に絞り込んでいる分だけ、ブランドとしての「らしさ」を感じることができます。

ブランディングの第一歩は、こうありたいと願うブランドの理想像を決めて、それらしく外見を整え、振る舞うことから始まります。

そして、時間をかけて一歩ずつ本物のブランドをめざします。

もちろん、それは売るためのポーズであってはいけません。

嘘は必ず見破られます。


不倫報道を例にとると、芸人などは比較的おもしろおかしく取沙汰されて終わりますが、誠実なイメージの芸能人の場合は徹底的に叩かれる傾向があります。

「この人ならしょうがない」と思うか、「まさか、この人が！」と思うか、受け手となる人の「思い込み」の差が反響の違いとなります。

ブランドも同じです。「らしさ」のあるブランドほど「裏切られた」とお客さまが感じたときの反動は大きいことを肝に銘じておくべきです。

たった一度の不祥事でブランド像すべてが崩れてしまうことがあります。


「らしさ」は、守り抜く決意とルールが必要です。

そのためにはブランドの価値や目標をまとめた「ブランドブック」を作成すること

をお薦めします。ブランドブックを「ブランドの憲法」とすることで社内のすべての人間がブランドを理解し、ブランディングの担い手であるという意識を持つことができます。

企業ブランドではありませんが、「くまモン」はご存知のように、熊本県の公式キャラクターで、熊本県の企業であれば、申請が許諾されれば無料でイラストを使用することができます。しかし、「単色または指定した色でなければいけない」とか「写真を使用してはいけない」といったルールを決めています。だから、誰が見ても「くまモン」とわかる色づかいのキャラクターになっています。

ブランディングは、深く絞り込む方が良い結果につながります。

どうしてもコンセプトの異なる事業展開をする場合は、別ブランドを立ち上げるという方法もあります。ファミリーレストランを運営する企業が、自然食レストランや本格フランス料理店など、それまでとまったく別コンセプトの店舗を運営することはよくある話です。

変化させて価値を高める

ブランドの価値と言っても、デザインに価値を感じる人、機能に価値を感じる人、自己表現的なものに価値を感じる人とさまざまです。

一般に、ネーミングやデザインを変更することで価値観を高めたり、イメージを変えたりする方法はよく知られていますが、その他にもさまざまな方法があります。

場所が変わると価値は変わります。

農産物も、畑の脇で売るよりも道の駅で売れば価値は上がります。逆に高級ブランドのバッグを露店で売れば価値は下がります。一般的な商品も、国外で売ればメイドインジャパンの「安全」「高品質」な商品として価値が上がります。ペットボトルの水も、砂漠で遭難している人に売れば価値は上がります。

価値は客層にもよって変わります。

そこで、フラッグシップ商品をつくることで客層を上げ、ブランド全体の価値を高めるという方法があります。

サントリーのウイスキー「響 35年有田焼」の価格は百万円でした。トヨタ自動車「レクサス」ブランドの頂点に立つ「ＬＦＡ」の発売価格は三千七百五十万円でした。セイコー創業１３０周年を機に発売された腕時計「クレドール スプリングドライブ ミニッツリピーター」の価格は三千三百万円です。

高すぎると思うかもしれません。しかし、フラッグシップ商品は採算を度外視してつくられることもあり、「レクサス・ＬＦＡ」は一億円でも赤字だと言われています。

ちなみに、これらの商品とはスケールが違いますが、播州ハムのフラッグシップ商品「絶品ハム」の販売価格は一本一万円でした。

兵庫県姫路市の酒蔵・本田商店では、フラッグシップ商品として「龍力（たつりき）米のささやき 秋津」を製造販売しています。この日本酒は日本国内でも720ミリリットルが一本一万五千円以上しますが、香港の高級ホテルでは七万円にもなって販売されています。

「龍力 米のささやき 秋津」が中国で評価されるのは、酒米・山田錦の最高ランクのものを精米歩合35％まで磨き込んだ純米大吟醸酒で、フルーティで爽やかな酸味があるワインのような日本酒という品質の良さからです。

日本酒で一万円以上する酒はまだ少数ですが、ワインの中にはロマネ・コンティのように百万円以上するものもあります。この酒の価格をワインのカテゴリーの価格帯から考えると、中国の富裕層にとってはけっして高いものではありません。

商品が属するカテゴリーを変えることで、価値は変わります。

腕時計を例に説明しましょう。

「実用品と考える人」にとっての腕時計なら五千円で充分かもしれません。「機能やデザインにこだわる人」は五十万円～百万円でも妥当だと思うかもしれません。「宝飾品やステイタスとしての価値を求める人」にはさらに高価な腕時計のほうが満足感を提供できるかもしれません。

自社の商品やサービスを「変化させる」ことで価値を上げる方法がないか、先入観を持たずに考えてみてください。突拍子もないと思ったアイデアが、もしかすると実現可能かもしれません。

フラッグシップとは
旗艦のこと。艦隊の司令官が乗って指令・指揮を行う軍艦。転じて、多くの同類の物のなかで最も重要なもの、企業の商品やブランドの中で最上級や最高級のものなどを指す。　(Wikipedia より)

絞り込みで価値を高める

地域限定の人気ブランドや特産品が全国展開をめざしたところ、希少価値がなくなり、ブランドの価値が下がってしまったという事例はよくあります。

ブランドの価値は販路の拡大に反比例します。
たくさん売るほど価値は下がります。
どこでも買えると価値は下がります。
客層を広げすぎるとファン客を失います。

逆に、販売数量や場所、種類、期間、顧客層などを絞り込むことで、ブランドの価値を高める次のような方法があります。

・品質保持のために販売数量を限定する
・ブランドに相応しい場所で販売する
・イメージに合わない商品は開発しない
・購入条件や購入者を限定する

以前、大手有名デパートから、播州ハムを歳暮ギフトとして取り扱いたいとの打診がありました。ありがたい話でしたが、当時年末は製造能力の限界に達していました。そこで、「販売店舗限定」「数量限定」「期間限定」という弊社都合の条件を提案したところ、受理されて驚いてしまいました。

ときには、不足していることや、安定供給できないことも強みになります。

ちなみに、英国国立アルスター大学のスティーブン・ブラウン教授は、著書「ポストモダン・マーケティング」のなかで

「世の中には、不足が不足している」と断言しています。

また、テーマやターゲットを絞り込むことで価値を高める方法は、個人ブランディングにも有効です。

私の友人の岡北真理さんは「お風呂アドバイザー」というめずらしい肩書きで仕事をしています。元々岡北さんはコピーライティングと商品企画が専門で、弊社もハム屋時代にはコピーとパッケージで大変お世話になりました。

彼女が、お風呂アドバイザーを宣言した当初、周囲からは「こんなニッチな市場で食べていけるの？」と心配されたそうです。

しかし、今ではパナソニックや関西電力といった大手企業からの依頼もあるお風呂コメンテーターの第一人者として個人ブランドを確立しています。

大企業は、高いシェアを獲得するために、全方位型のマーケティング手法を取らなければならないため絞り込むことは苦手です。経営資源に限りがある中小企業や個人商店は、深く絞り込むことで強いブランドづくりをめざすべきです。

冠の獲得で価値を高める

ノーベル賞やアカデミー賞をはじめ、大小さまざまな賞がありますが、あなたの業界にも、業績や商品を讃えるような賞はありませんか?

飲食店であればミシュランガイドの星獲得、日本酒であれば全国新酒鑑評会の金賞のような賞を獲得すれば、商品やサービスの評価は上がります。「冠」の獲得はブランディングに有効です。

播州ハムの場合は、2002年の「どっちの料理ショー・特選素材」と2013年の日経新聞「ごちそうハムランキング1位」でした。

『どっちの料理ショー』は、1997年から日本テレビ系列で放送された高視聴率の料理対決番組でした。腕利きのシェフが贅をこらした食材を調理して、スタジオのゲストは多数決でどちらか選び、勝ったチームしか食べることができないというルールです。番組の影響力は凄まじく、特選素材に選ばれると、店頭からその商品は消え去り、反響は1年以上続くと言われていました。

「特選素材に選ばれたい」そんな考えが私の頭に浮かびました。そこで、過去に同番組で紹介された特選素材の傾向を分析してみると「インターネットを使って探しているのでは？」という仮説にたどり着きました。

すぐにホームページの構成を、こだわり商品をめだつ場所に配置換えすると共に、昔ながらの炭火焼き製法を強調するように変更しました。すると、２００１年11月。番組スタッフから待望の電話がかかってきました。

その後の審査を経て特選素材に選ばれると、地方の無名だったハム屋が全国から注目を集めるようになりました。

本当にネットで探していたのか、この答えが知りたくて、何年かたってから、沖縄で飲食店を開業していた番組の元ディレクターに話を聞きに行ったところ、彼はインターネットを使ってリサーチしていた当時のウラ話を語ってくれました。

仮説は、間違いありませんでした。

『どっちの料理ショー』は「狙って」選ばれましたが、日経新聞「ごちそうハムランキング」で1位に選ばれたハムは、あまり告知をしていない商品だったので驚きました。1位は想定外でしたが、選定候補に挙がった理由は予想がつきました。

日経新聞では過去に、ネット通販ショップのランキングサイト「日経ベストショップ」で食品部門1位に選出されたほか、日経系の新聞や雑誌でネット通販の優良サイトとして掲載された実績がありましたので、日経新聞のデータベースに「ハム屋」として記録されていたのが選定候補に入った理由だと思っています。

そして、日経の新聞雑誌で取材を受けたのはいろいろなネット通販ショップランキングで常に上位で紹介されていたのがきっかけでした。

さらに、これらのネット通販ランキングには、実はランクアップの対策を施して「狙って」上位に紹介されるように工夫をしていました。

掲載までの経緯をまとめると、

① ネット通販ショップランキングの上位をめざした
② 上位に選出され、日経新聞から取材を受けた
③ 日経新聞のデータベースに記録された
④「ごちそうハムランキング」の選定候補に挙がった
⑤「ごちそうハムランキング」の1位に選出された

という流れになります。

賞の獲得に否定的な人もいます。しかし、いくらテクニックを使っても、商品力や技術力のないものは獲得することはできません。お客さまから見て価値のある「冠」ならば、狙って取りにいくのは間違いではないと思います。

物語でブランドを伝える

マーケティングの世界では「価値が伝わっていないものは世の中に存在しないのと一緒」と言われることがあります。しかし、企業がいくら大きな声で価値を叫んでも、お客さまに良いイメージが伝わらなければ、ブランディングは失敗となってしまいます。ところが、企業からお客さまに抵抗なく価値を伝える方法があります。

それが「物語」です。

どんな想いで創業したのか、これまでどんな苦労を乗り越えてきたのかという創業者の理念や企業の歴史、素材や製法になぜこだわっているのかという商品開発の秘話などを物語で伝えることによって、お客さまはブランドの哲学を理解し、ブランドに対して「親近感」と「信頼感」を持つようになります。

播州ハムのホームページには「開業当初の苦労」、「納得がいくハムがつくれるまでの道のり」、「インターネットとの出会い」などを掲載しました。
その際、企業側の主張だけではお客さまの「共感」を得ることは難しいと考え、プロのライターに原稿のリライト（書き直し）をお願いして、播州ハムのブランドストーリーを書き上げました。

どんな企業にも必ず物語は存在します。
それを文章として書き起こしてください。

創業時の熱い情熱や、商品開発当時の想いを見直していくうちに、ブランディングとは、企業理念の再確認、企業ドメインの再構築であることに気づくと思います。

ブランディングで大切なことは、その根幹の部分にあります。

嫌われる勇気、捨てる勇気

ブランディングの目標は、良いイメージをターゲットの心に刻むことです。

しかし、すべての人に受け入れられるブランドは存在しません。ターゲットを絞り込むほど熱狂的なファンが増える一方で、同時にブランドを嫌うアンチも増えてきます。

政治家やカリスマ経営者、アーティスト、芸能人を思い浮かべてください。独自の価値観を持ち、強いメッセージを発信する人ほど「ファン」と「アンチ」の両方が存在しています。

アンチの存在は、ひょっとすると
「強いブランドの証」として喜ぶべきものかもしれません。

おでんに生姜醤油をかけて食べる兵庫県姫路市のおでんをご当地グルメにする活動に参加したときに、私も嫌われる勇気の大切さを実感しました。

私は、このおでんを「姫路おでん」と命名しました。


「姫路おでん」

このネーミングの自己採点は70点でした。しかし、記者発表後、事務局に「これは関東煮と言うんや！　勝手に名前をつけるな」「姫路ではなく播州おでんや！」と猛抗議の電話が入ったと聞いたときに人の心に刺さった１００点満点のネーミングだと確信しました。

その後、「姫路おでん」はご当地グルメとして定着しました。

これは、貴重な経験となりました。「ブランドは嫌われることを恐れてはいけない」と思いつつ、自社のブランドでは怖くて試せなかったことだったからです。

大手企業は、すべてのターゲット層を顧客対象にしているため、嫌われることを恐れます。不倫タレントを起用したカップ麺のＣＭが放送中止になったように、一部のアンチの声にも過剰反応せざるを得ません。

中小企業や個人商店は、八方美人になる必要はありません。
この差は大きなアドバンテージ（優位性）です。

また、ブランドのコンセプトを明確にするためには捨てる勇気が必要です。
強いブランドをつくるためには、

・生産量を増やさない
・アイテム数を絞り込む
・販売場所と期間を絞り込む
・安売りをやめる

といった勇気が必要です。

そして、ブランドの価値観に共感できない相手には売らない勇気も必要です。

姫路の歓楽街の片隅に、酒飲みから支持されている居酒屋があります。

この店の入り口には「女性だけ子供づれ　お断りします」の張り紙があり、一見さんには入りにくい雰囲気があります。

店内の品書きには値段は書かれていませんが、店主が選んだ全国の地酒と酒の肴は、酒飲みにはたまらない品揃えになっています。常連客は地元の経営者や医者、士業の先生が多く、この店の落ち着いた雰囲気をつくり上げています。

マスコミで紹介されて繁盛店となり常連さんの足が遠のいた結果、閉店した事例を聞くことがありますが、この居酒屋はマスコミ取材お断りの店としても有名です。

強いブランドは「勇気」と共につくられます。

◇第3章のポイント

ブランディングは「らしく」振る舞うことから始まる。

時間をかけて一歩ずつ本物のブランドをめざす。

「らしさ」は守り抜く決意が必要。

価値を高める四つの方法
「変化させる」「絞り込む」「冠を獲得する」「物語を語る」

ブランディングには嫌われる勇気が必要。

第4章

今さらですが、ブランドの基礎知識

マーケティングとブランディングの違い

マーケティングとブランディング。
どちらもよく耳にする言葉ですが、その意味や違いってわかりますか？
私はその違いを次のように定義しています。

マーケティングとは　価値を伝えて売るための仕組みづくり
ブランディングとは　心の中に価値を刻み込むためのコミュニケーション活動

ご理解いただけましたか？　わからない？
では、恋愛にたとえてみましょう。

初恋に直面した男の子が、自分がどれほど愛される魅力があるかを片思いの相手に伝えて好きになってもらうというシーンを想像してみてください。

一方的に「好きになって」と叫ぶだけではだめで、どんなところが相手から見て魅力的に思えるのかを考えて、相手に刺さるアプローチをしなければ相思相愛にはなれませんよね。

これを商売に置き換えたのが、「企業が自社の商品やサービスの価値をお客さまに伝えて買ってもらうための活動や仕組みづくり」です。まさしくそれが、マーケティングです。

それに対して、男の子が、外見や声のトーン、服装のセンス、行動、発言内容などによって、相手に良い印象を持って

もらうための行動。

商売に置き換えると、企業が「自社の商品やサービスに対して良いイメージを持ってもらうためにあらゆる顧客接点を通じて行うコミュニケーション活動」、これがブランディングです。

これらのコミュニケーションによって、「相手の心の中にめばえた好意的な感情」が商売では「ブランド」にあたるといってもいいでしょう。

タイプかも
・視覚（見た目）
・聴覚（声）
・言葉（話す内容）
好印象

ブランド
・機能的価値
・情緒的価値
・自己表現的価値
伝えたい価値
伝わった価値

「伝えたい」と「伝わらせたい」

広告代理店は、広告を企業から消費者へのラブレターにたとえて、「どんなラブレターを書こうか?」「いつ渡そうか?」「どんな風に渡そうか?」ということを常に考えています。

・字の汚いラブレターはダメ
・親近感を得るためにはヘタ字も有効
・接触頻度を上げるためにラブレターをたくさん渡そう
・ラブレターが届かないので、思いがけない場所で不意に渡そう

でも、ラブレター（広告）は価値を伝える手段であって、渡す目的はターゲット

（消費者）に自分（企業）の気持ちが伝わって相思相愛になることです。

だとしたら、あえてラブレターを出さないという選択肢もありますし、告白せずにターゲットが信頼している第三者に、自分の魅力を間接的に伝えてもらう方が良い結果につながるかもしれません。

マーケティングが「価値を伝えたい」と思って行う行動なのに対して、ブランディングはターゲットに「価値を伝わらせたい」と思って行うコミュニケーション活動です。

好きになるかどうか？
どの程度好きになるか？
決めるのは１００％受け手側です。

ブランディングのメリット

「ブランド」とは、もともとは「焼き印」を意味する言葉が語源と言われています。かつて、牛の群れのなかから自分の牛を区別するために焼き印をつけたそうですが、現在では他社のサービスや商品と差別化する概念を指す言葉となっています。
そして、ブランドを形成する信頼や共感など、お客さまにとっての価値を高めるためのコミュニケーション活動を「ブランディング」といいます。

ブランディングは、規模の大小や職種に関係なく、すべての企業に必要です。
我が社は、企業間取引だから
我が社は、特殊な業種だから
我が社は、会社の規模が小さいから

我が社には、自社商品がないから

そんな理由からブランディングの意義が見出せない社長さんも、ぜひ一度ブランディングのメリットについて考えてみてください。

「ブランド」は、自分が宣言しただけでなれるものではなく、お客様が価値を認めることによってはじめて「ブランド」となります。

ブランディングによって、

価値創造に成功したブランドが得られる最大のメリットは

たくさんの競合企業や商品、サービスのなかから

価格競争なしで選ばれるようになることです。

本来、売り手と買い手の立場は対等です。

私たち商売人は、お客さまに商品やサービスを提供し、お客さまはその喜びの対価として金銭を支払います。ブランドとなるとお客さまに今まで以上に喜んでいただけるようになります。

ブランドの価値が上がれば、取引先から無理な要求をされることがなくなります。また、ブランド価値の向上に比例して、優良企業との新規取引が増えてきます。商売人の誇りが取り戻せることも、ブランディングのメリットです。

信用力が向上することもメリットです。

それによって、仕入先や金融機関と有利な条件で取引をすることが可能になり、資金繰りや資金調達がしやすくなります。近年、クラウドファンディングといった資金調達の方法も登場してきました。

これからは、貸借対照表には出てこない「信用」をどれだけ獲得するかが、企業存続の鍵となってきます。

採用ブランディングという考え方

近年、優秀で勤労意欲の高い人材を集めるために「採用ブランディング」を取り入れる企業が増えてきました。

求職者が企業に感じる魅力は「転勤がない」「残業がない。休日が多い」「給与が高い」「スキルが活かせる」「独立が可能」「安定している」などさまざまです。

採用ブランディングでは、企業の認知度向上をめざすと共に、求職者から見た企業の魅力や必要な情報を発信していきます。

ただし、都合のいいことを並べるだけだと入社後にミスマッチが発生するので、企業風土を事前に紹介するのも良いかと思います。

ある企業のホームページには社員旅行を紹介するページがあります。宴会では女子社員も浴衣に着替えて酒を酌み交し、上司にお酌するシーンや仮装した新入社員が宴会芸を披露するシーンが紹介されています。「うちの社風はこうだ」と宣言することで、募集段階で社風に合わない応募者のふるい分けが可能になります。

また、ＳＮＳを活用して若い世代の共感を得ることも有効です。

スマートフォンのフリマアプリ「メルカリ」を運営する株式会社メルカリでは、有料媒体への出稿はせずに、ＳＮＳを使って採用活動を行っています。

パブリシティを活用し、企業イメージをアップさせることができれば、採用活動にかかる「コスト削減」につながります。

採用ブランディングで、企業の魅力を正確に伝えることは、

企業の永続的な発展のために必要不可欠なコミュニケーション活動です。

どのブランドをめざすのか

ブランドを分類する方法はさまざまですが、私は「企業ブランド」「商品ブランド」「商店ブランド」「個人ブランド」の四つに分けて考えています。

◇企業ブランド

企業名をブランドにするという考え方です。

お客さまが商品やサービスを購入するときに「この会社の商品、サービスなら信頼できる」「他社より高くてもここから買いたい」と最初に思い出してもらえるポジションを確保することができれば大きなアドバンテージ（優位性）となります。

近年は採用ブランディングという観点から、企業ブランディングに取り組む企業も増えてきました。

◇商品ブランド

商品やサービスの価値を伝えてブランドにするという考え方です。

氷菓の「ガリガリ君」のように、赤城乳業という社名は知られてないけれど商品名は広く知れ渡っているというケースもあります。

商品ブランドを構成する要素で一番重要なのは名前（ネーミング）です。

商品名が広く知れ渡った結果、セロハンテープ、ドライアイス、宅急便のように一般名詞化したものや、味の素やバスクリン、カルピスのように社名になったものもあります。

製造業やサービス業の企業はまず最初に、自社の商品やサービスに独自の名前をつけてブランディングを図るべきです。

個人経営の飲食店でも人気のメニューに独自の名前をつけて、それがお客さまに認知されれば立派な商品ブランドとなります。

◇商店ブランド

その店で買う価値を伝えて、店舗をブランドにするという考え方です。店の目利きが信用できる「機能的価値」、購入体験が楽しい「情緒的価値」、買ったことを自慢したいという「自己表現的価値」をお客さまに提供して店舗のブランディングを図ります。

芦屋のセレブ御用達の高級スーパー「いかりスーパー」、本屋という空間を提供する「蔦屋書店」、麻布十番にある「塩屋　まーすやー」のような塩の専門店や、原宿にある絵本専門の「クレヨンハウス」などは商店ブランドですが、あなたの街の新鮮な魚を取り扱う魚屋や、おいしい野菜を取り揃えていると評判の八百屋も立派な商店ブランドです。

商店ブランドが確立されると「この店の取扱商品なら安心」、「同じ商品ならこの店から買いたい」とお客さまから支持されるようになります。

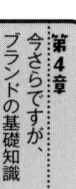

能力や実績、見識、人間的魅力といった価値を伝えて個人をブランドにするという考え方です。

「誰に」「何を伝えて」「どう思われたいのか」を最初に決め、見た目や行動、発言に一貫性を持たせてブランディングを図ります。

専門範囲を絞り込むほど強い個人ブランドが形成されます。

信念や独自の視点があるほど強い個人ブランドが形成されます。

◇個人ブランド

個人ブランドは、士業やフリーランスはもちろん経営者にも必要です。

中小企業や個人商店の場合は、社長の個人ブランドがそのまま企業のブランドイメージにつながる場合があります。

SNSやブログを使って個人が情報発信できるようになりました。

勇気を持って「個」を前面に出す時代がやってきました。

事例紹介（日本酒編）

私の愛する日本酒を例に取って、ブランドの違いを説明してみたいと思います。

◇企業ブランド 菊正宗酒造、月桂冠、黄桜

菊正宗酒造、黄桜、月桂冠は大手日本酒メーカーでブランド名と企業名が一緒。さすがです。菊正宗と言えば辛口の酒、月桂冠と言えばマル、黄桜と言えば河童のＣＭ（放送終了）が私の心に刻み込まれています。

◇商品ブランド 獺祭、梵

獺祭（だっさい）は山口県岩国市・旭酒造が徹底した品質管理の下でつくる高品質の地酒です。日本酒ブームの火付け役とも言われ、安部首相がオバマ大統領に贈ったことや、テレビ『ほこ×たて』への出演で話題を呼びました。

梵は福井県鯖江市・加藤吉平商店がつくる地酒です。宮中晩餐会や政府専用機にも採用され、世界約１００の国と地域で商標登録されています。この蔵元のブランディングが秀逸なのは、一番安い「梵」を飲んで評価されるのを嫌って「梵　夢は正夢」「梵　日本の翼」「梵　吉平」といった風にそれぞれに個別の商品名とパッケージ（瓶の形）を採用しているところにあります。

◇商店ブランド 地酒.com

地酒.comは、インターネット黎明期より運営する地酒のネットショップです。何が凄いかというと「獺祭」や「梵」がまだ今ほど知名度がない頃から、この酒が旨いと評価して売っていたことにあります。おかげで、地酒.comお薦めの酒は値段やスペックを見ることなしに買ってしまう悪い癖がついてしまいました。

◇個人ブランド 佐野吾郎さん

佐野吾郎さんは地酒.comを運営する株式会社クラビシュの社長さんです。地酒に対する知識と熱い想いは、彼を知る全員が認めるところです。地酒.comは佐野吾郎さんあっての商店ブランドだと私は認識しています。

ブランドは誰のもの?

ブランドは誰のものでしょうか?

もちろん、ブランディングに時間と費用を掛け、商標権を持つ企業のものなのは間違いありません。また、上場企業であれば株主のものなのかもしれません。

しかし、ブランドは「企業」や「株主」だけのものではありません。

ブランドとは、お客さまの心に刻み込まれた価値であり、ブランド価値を決定するのは100%お客さまです。熱烈なファンやお客さまにとって、ブランドとは、価値観や理想の生活スタイルの自己表現手段です。そのために、ロゴや商品仕様、サービス内容を変更した際に反発を受けるケースもあります。

ブランドは、お客さまのものです。企業の都合で安易に変更することはできません。

◇ブランドは「従業員」のもの

ブランドは、お金さえ出せばできるものではありません。

ブランディングには人の「想い」が必要です。

しかし、経営者やブランドマネージャーの想いだけでつくりあげることはできません。そこで働くすべての人の想いの共有が必要です。

従業員の99％が完璧な行動をしても1％の不適切な発言や行動があればブランドは傷ついてしまいます。従業員ひとりひとりの行動や発言の積み重ねが本物のブランドをつくりあげていきます。

想いを持ったブランドからは、やがて「矜持《きょうじ》」（自負、プライド）が生まれます。

矜持は、その企業で働く人の最大のモチベーションとなります。

貴社の従業員に、矜持はあるでしょうか？

◇ブランドは「社会」のもの

最近、ブランドは「社会」のものになりつつあると私は感じています。

いくら、品質やデザインが良くても、企業の社会に対するスタンスが好きになれないという理由で、商品を買わない人が増えてきました。ブランドの存在意義として社会的責任を果たすことが、これからはより重要になってくると思います。

環境保全やフェアトレードなんて、大企業のやることでウチには関係ないと言う中小企業や個人商店でさえも、これからは地域貢献ができているか否かが、企業存続のわかれ目になってくるかもしれません。

利益のみを追求しているブランドは尊敬されません。

貴方の企業や商品は、地域の人から地元の誇りと思われているでしょうか？

◇第4章のポイント

恋愛にたとえると、
魅力を「伝えたい」と思って行う行動がマーケティング。

相手に魅力を「伝わらせたい」と思って行うコミュニケーション活動が
ブランディング。

相手の心のなかにめばえた好意的な感情が「ブランド」
ブランドを決定するのは100%相手側。

ブランディングに成功すると「競争なし」で選ばれる。

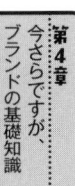

創業当時（昭和25年）の店舗

日本経済新聞　2013年（平成25年）6月15日（土曜日）

NIKKEI プラス1

とことん試します
英単語を大量に覚える
安上がりの学び直し法

お困りサポーター
忙しい朝の時短家事術
ついで作業で効率よく

広がる公衆無線ＬＡＮ

働く女性、スカート減った？

何でもランキング

1位 450ポイント

播州ハム工業所「絶品ボンレスハム」

厚めに切って白ワインと

食卓にぎわす　ごちそうハム

いぶす・蒸す…
製法で風味変化

日経新聞のランキング1位

第5章

ネーミングとロゴが必要な理由

もし、子供に名前がなかったら

目をとじて想像してみてください。

あなたに子供が生まれました。最初に何をしますか？

名前をつけますよね。


もし、誰も子供に名前をつけなかったら、どんな状況になるでしょうか？

世の中の人が、子供を「あの子」「この子」としか呼ばなかったとしたら、どんな状況になるでしょうか？

あなたのブランドを、あなたの子供と同じと考えてみてください。ほかの子供と区別するためにも、名前をつける（ネーミング）必要があることがわかります。

名前は、ブランド構築においてなくてはならない要素です。

ネーミングのほかにも、ブランドを識別させる要素として、次のようなものが挙げられます。

・ロゴ（ロゴマークともいいます）
・イメージカラー
・メッセージ（キャッチフレーズ）
・パッケージ
・キャラクター

企業や商品、サービスを認知させて、共感や認知度を上げていくコミュニケーション活動をブランディングと定義すると、ブランディングは、ターゲットとなる顧客にブランドのイメージを記銘（覚える）、想起（思い出す）してもらうために、これらの要素をフル活用する働きがあります。

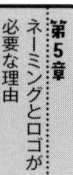

ネーミングが最重要。ブランド全体の骨格となります。

では、もう一度想像の世界に戻ってください。

その子供は成長して、幼稚園に通うようになりました。

しかし、幼稚園には1000人の子供がいます。すると、平凡な名前や出産時に流行っていた名前のなかには同じ名前の子供がいても不思議はありません。

ほかにない名前や、変わった読み方にするなど、ほかの子供と区別できる名前にしたい。そのためには「産まれたときの命名」が重要になります。

どんな子供に育ってほしいか、どんな環境で暮らしてほしいか、どんな友達をつくってほしいか。そんなことを考えて子供の名前を決めるのではないでしょうか。

企業のネーミングも同様に、愛情を持ってつけるべきです。

名前のつけ方

名は体を表すといいます。

社名でも商品名でも、伝えたいイメージに合った名前をつけることがポイントです。ブランドを表す名称だから、これをブランドネーミングといいます。良い名前をつけるとイメージが自然と膨らみ、その後のブランディング展開が楽になります。さらにネーミングにまつわる物語があるとクチコミされやすくなります。

ブランドネームは、たった一度、見たり、聞いたりしただけでも記憶に残るような思い出しやすい名前がベストです。「シンプルか」「個性的か」「発音しやすいか」など、思いつく限り書き出していきます。

最近はネット検索されることが多いので、読みやすい名前が良いと思います。

思いついたネーミングを自分自身で検索してみると、検索しやすいかどうかもわかる上に、すでに使われているかどうかを知ることができます。

また、長い名前は、短縮してブランド化を図るという方法もあります。化粧品やサプリメントのＤＨＣが、大学翻訳センター（Daigaku Honyaku Center）の頭文字をとって今の社名になった話は有名です。

しかし、わかりにくい漢字や長いネーミングをあえて逆手にとった例もあります。山口県の酒蔵・旭酒造がつくる獺祭《だっさい》は、最初は何と読んだらいいかわからないという人が多かったのではないでしょうか。でも、読み方がわからなくても、一度覚えてしまえば忘れられないビジュアル効果があります。さらに、この漢字を読めるとちょっと「通」ぶれるところもよかったと思います。

定石をあえて外すのもエッジの利いたネーミングになる場合があるので、面白がりながら考えていくのもお薦めです。

批判を恐れない

ネーミングは、思い入れがある人が強い決意を持って決めたときの方が良い結果がでます。私は多数決で決めることをお薦めしません。

私が２００６年にご当地グルメ「姫路おでん」のネーミングをしたときも、マスコミ発表後「これは関東煮と言うんや！　勝手に名前をつけるな」「姫路ではなく播州おでんや！」と地元からは反発がありましたが、今ではすっかり姫路名物として定着しました。

名前を決定するときは批判を恐れないでください。

良いものは必ず認められます。

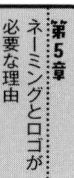

名前が決まったら、すぐに商標登録出願することを強くお薦めします。

商標とは自社の商品やサービスを他社と区別するためにつける「マーク」や「名称」を、財産として守ろうとするもので、特許庁に申請します。

商標には、文字、図形、記号、立体的形状やこれらを組み合わせたものなどのタイプがあります。また、平成27年4月から、動き商標、ホログラム商標、色彩のみからなる商標、音商標及び位置商標についても、商標登録ができるようになりました。商標登録については専門家（弁理士）に依頼するのが一般的ですが、手間を厭わなければ自分でもできます。


日本の商標制度は先願主義です。ずっと前から使い続けている名前でも、先に登録されてしまえば使用できなくなります。最悪の事態では、商標登録を先にした会社から訴えられることすら考えられます。ですから、商品やサービスが完成するのを待つ必要はありません。1分1秒でも早く取得するべきです。

ロゴはブランドの象徴です

もう一度、子供の話に戻って、今度はロゴについて説明します。たくさん子供たちが集まっているところで、どうやったらすぐに見分けられるでしょう？　「髪が長いか、短いか？」「背が高いか、低いか？」「太っているか、痩せているか？」だけでは、同じような子供がたくさんいます。

ところが、あなたの子供だけ海賊のコスチュームを着ていたらどうでしょうか？　毎日かならず、同じ海賊の服装を続けていたら、あなただけでなく、誰がどこで見かけてもあなたの子供だと識別できます。そして、その外見から子供の性格もなんとなくイメージできるのではないでしょうか？

これが、ブランドに「ロゴ」が必要な理由です。

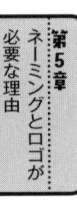

ロゴはもともとは「ロゴタイプ」の略で文字や文字列を装飾したもので、社名や商品名など、他と差別化できるものを指します。

文字に図柄などの要素を加えたものが「ロゴマーク」で、一般的に「ロゴ」という場合はロゴマークといってもいいでしょう。たとえば、りんごのシルエットといえばコンピュータのアップル、子猫をくわえて運んでいる黒猫といえばクロネコヤマトというように、画像と企業が直結されてイメージされれば、ブランディングは大成功です。

子供でいえば、外見のファッションと、性格や行動がピッタリ一致していて、見るからに個性的なタイプといっていいでしょう。


ロゴは、ブランドの持つ世界観やメッセージをデザイン化したものです。

デザイン的に綺麗というだけでロゴを決めてはいけません。

ロゴデザインの失敗はブランディングの失敗につながります。

作成はプロのデザイナーにまかせるとしても、丸投げは禁物です。

ブランドロゴを通して誰に、何を伝えて、どう感じて欲しいのかというコンセプトは、デザイナーに発注する前に企業の責任ある立場の人、つまりあなたが確定しておくべきです。

また、ロゴの色も大切なポイントです。

・赤色は「情熱」「興奮」「危険」
・黄色は「活発」「陽気」「幸せ」
・青色は「清涼」「信頼」「冷静」
・緑色は「エコ」「安らぎ」「安全」
・黒色は「格調」「高級感」「悲しみ」
・白色は「純粋」「シンプル」「無垢」

といった具合に、色はそれぞれ独自のイメージを持っています。

たとえば、コカ・コーラは「赤」をシンボルカラーにしていますが、これに対抗するペプシは「青」といったように、違いによって同業他社との差別化を図ることが可能です。ティファニー・ブルーのように、単色でもそのブランドを表すコーポレートカラーを打ち出している老舗ブランドもあります。さらに、組合せによって赤白青のトリコロールは「フランス」、黒地に金文字は「高級」といったように特定のイメージを連想させることがあります。

このように、色や色の組み合わせも商品の識別に必要条件であることから、2015年から色のみの商標登録もできるようになりました。たとえば、トンボ鉛筆の消しゴム「MONO」に使われる「青・白・黒」の組み合わせ、キユーピーのマヨネーズの赤い格子柄などがすでに商標登録されています。

そのほか、色は、国や地域、性別、年齢によって好みに違いがあります。

これらを考慮しながらロゴの配色を決めることによって、ブランドの世界観やメッセージをよりターゲットに伝えることが可能になります。

メッセージを選ぶ

発信する「メッセージ」の違いで反応する客層は変わってきます。誰に向かって、どんな言葉を使用するかは慎重に考えなければいけません。

企業が消費者に投げかけるメッセージには、スローガンやキャッチフレーズ、ボディコピーなどがあります。それらのメッセージを考えるときには次の順番で考えていきます。

①誰に
②何を伝えて
③どうしてほしいか

最初に「誰に」と「対象（ターゲット）」を決めます。

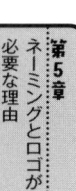

③番の「どうしてほしいか」からスタートすると、「買ってほしい」というゴールのために「何を伝えて」↓「売れるメッセージなら何でもOK」、「誰に」↓「買ってくれるなら誰でもOK」となってしまいます。

以前、ネットショップの店長さんから「うちの客は安くしなければ買ってくれない」という相談を受けたことがあります。ホームページを見ると理由はすぐにわかりました。なんと、TOPページにでかでかと「激安の〇〇」と書いてあるのです。

「安い」というキーワードで集客すると、お客さまは当然安さを求めてきます。

そして、より安い店があれば移ってしまいます。

・新製品が安い
・安値世界一への挑戦
・激安の殿堂

ほらっ！　こんなメッセージを受け取ると「安い」を期待してしまいますよね。

お客さまが商品やサービスを選ぶ基準は価格、品質、利便性、ライフスタイルなどさまざまです。客層によって反応するメッセージは違ってきます。

次のセミナータイトルを見比べてください。

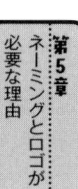

めざせV字回復　一発逆転財務セミナー

お金を残す　マル秘の節税対策セミナー

同じ財務セミナーでも片方には赤字企業が集まり、もう片方には黒字企業が集まります。このセミナーのサブタイトルに「小さな会社の財務セミナー」とつければ小規模企業や個人商店の参加者が中心となりますし、「中小中堅企業の財務セミナー」とつければそれなりの企業の参加者が中心となります。

よく似た例で、問題提起型のキャッチコピーで「〇〇で損をしていませんか？」というのがあります。このコピーで呼びかけると「損をしている人」ばかりを集客してしまいます。もっとも「過払い金で損をしていませんか？」というようなコピーなら借金返済で「損をしている人」に声をかけたいときには有効ですが、メッセージを間違えるとターゲットに価値が伝わりません。

言葉づかいに正解があるのではなく
客層にあったメッセージや言葉づかいがあります。

同様に、ネットショップでもユーザーのターゲットによって、メッセージの伝え方やコミュニケーションのとり方を変えることが求められます。

黎明期の１９９０年代後半、日本のインターネット利用者は全人口の10％未満、20代〜30代の理系男子が中心でした。その頃のネットショップでは「友だちにしゃべるような、親しみを持った言葉づかいで接客するのが正解」というのが通説でした。しかしその後、ＯＬを含めたビジネスマンに浸透していき、そして50代〜60代の主婦層まで広がってくると「正しくきれいな日本語で接客するのが正解」と変わってきました。

庶民的な八百屋なら、ちょっと乱暴な言葉づかいでも威勢がいいと感じますが、高級ブランド店の接客ではまったく違ってきます。カジュアルなイメージなのに丁寧すぎる言葉づかいでは親しみが湧きにくいし、逆に、高級なイメージなのにいきなり馴れ馴れしい応対では信頼してもらえないかもしれません。

いくら同業他社が成果を上げた手法だとしても、マーケティング書籍で紹介されていた画期的な手法だとしても、自社のイメージに合わないものは採用してはいけません。ロゴマークやイメージカラーなど、目に見える形のメッセージが、ターゲットの心の中に価値を刻み込みます。「こんな客はイヤだ!」と言いながら、そんな客層が集まってしまうのは、自分自身が発信しているメッセージに原因があるのかもしれません。

自分のブランドに相応しいお客さまに来ていただくためには、最初の段階でコンセプトを固め、ブランドの設計図を描くことが大切です。

◇第5章のポイント

ブランド要素のなかでネーミングが最重要。

ロゴはブランドの持つ世界観やメッセージをデザイン化したもの。

発信するメッセージの違いで客層が決まる。

「誰に」「何を伝えて」「どうしてほしいのか」ブランドの設計図が必要である。

第6章

マスコミを使って「無料」で価値を伝える

狙って仕掛ける

「良い商品をつくり続けていれば、ある日マスコミの目にとまってテレビや新聞で取り上げられ、知名度と売上がどんどん上がる」

残念ながら、そんなことはほとんど起こりません。

世の中には良い商品はたくさんあって、

「うちだけは特別だ」と思っているだけではどこにも伝わりません。

パブリシティという言葉をご存知ですか？

本来は「広報」「公示」「広告」など「広く知らしめる」という意味があります。

しかし、マーケティングやビジネスで言うところのパブリシティとは、企業の良い評判をつくるさまざまな広報活動を指し、主にマスコミなどを利用して消費者に情報発信する活動のことをいいます。

例えば、雑誌に宣伝広告を掲載すると費用が発生しますが、自社でパブリシティを行えば「広告」ではなく「情報」として、無料で掲載してもらうことができます。

パブリシティは訴求力が広告の3倍あると言われています。

しかしそれだけにあたりまえの内容では取り上げてもらえません。もちろん、あからさまな宣伝はできません。

では、どんな情報発信をしたらよいと思いますか？

マスコミが取り上げたくなるネタ（情報）は、次の3つの特性があります。

①新規性
②話題性
③社会性

こう書くと、「ウチには記事になるネタがない」とあきらめてしまう社長さんも多いかと思います。でも、心配ご無用です。これらは意識してつくればよいのです。新規性というと、「日本初」や「業界初」という枕詞が思い浮かびますが、新製品や新技術などはそうそう簡単にはできません。

しかし、意外性のある組合せで新規性をつくることができます。

例えば、兵庫県姫路市のご当地グルメ「姫路おでん」は、「おでん」＋「生姜醤油」という意外性のある組み合わせがインパクトを生み出しています。

「鳥取県初のスターバックスコーヒー出店」「日本初のホット販売専用ボトル缶酒」「神社の御神域から汲みあげた日本初の天然水」のように範囲を狭めたり、別カテゴリの新商品として「○○では初」として新規性を打ち出すのも有効な方法です。

話題性は、現在のトレンドや時事ネタと組み合わせるとよいでしょう。

例えば、パンダの赤ちゃんが命名されたときに、パンダの絵や「シャンシャン」という名前がついたお菓子が販売されたりするのがよい例です。

季節ネタと組み合わせる方法もあります。

毎年、土用の丑の日には鰻屋、大みそかには蕎麦屋が紹介されます。4月1日に世間の話題になるようなエイプリルフール企画をホームページで公開する企業も増えてきました。バレンタインやハロウィン、クリスマスなど、定番イベントのシーズン限定商品なども話題づくりには欠かせません。


社会性のある話題は、「どのような経緯で生まれ、どんな波及効果があるか」をアピールするとつくることができます。

ごく一般的な商品でも「高校生が企画。村おこしイベントで販売」「子育てママが考えた節約グッズ」「もったいない！ 捨てていたものが商品に」など、社会問題に関わるようなキーワードが含まれていれば、マスコミも記事として取り上げやすくなります。

マスコミ別のアプローチ方法

パブリシティの基本はプレスリリースです。

「プレスリリースなんて書き方がわからない」「手間が掛かりそう」と思うかもしれませんが、書いてみると意外と簡単です。

プレスリリースの書き方に関する詳しい本は、各社からたくさん出版されていますが、ポイントは「特別な理由がない限りA4 1枚にまとめる」、「マスコミに興味を持たせるタイトルとリード文を心がける」という2点です。特に「タイトル」は重要で、ここで決まると言っても過言ではありません。

プレスリリース配布方法には「記者クラブでの発表」「郵送」「FAX」「Eメール」があります。

マスコミにはそれぞれの特色があり、さらに同じ社内でも部署によって取り扱う記事の対象は違ってきます。

◇新聞の場合

新聞社へのプレスリリース配布は「記者クラブでの発表」がお薦めです。記者クラブは地方都市にも県庁舎、市庁舎内の記者クラブのほか、商工会議所などにも民間系の記者クラブがあり、ローカルな話題も受け付けてくれます。

私は、まちづくり関係の話題は市役所の市政記者クラブ、新商品や新サービスといった話題は商工会議所の経済記者クラブに持ち込みます。担当窓口に問合せ後、必要枚数を持参または郵送すれば終了です。社会性があるニュースで説明が必要なものは記者クラブに出向いて説明することもあります。

◇雑誌の場合

雑誌を発行している出版社には個別にプレスリリースを送付します。

雑誌は企画から発行までの時間差があります。時間的な余裕（月刊誌だと2ヶ月以上）を持ってプレスリリースを配信する必要があります。

雑誌ごとにターゲットの読者層が違います。

友人が「おうちで簡単にお味噌がつくれるのを知っていますか？ そんなキットを販売しています」という内容でプレスリリースをマスコミ各社にＦＡＸで送ったところ、有名女性誌の「ダイエット企画」で紹介されました。

「商品を販売しています」だけでは宣伝なので記事にはなりませんが、読者の興味に関連した話題であれば記事になります。

ちなみに後日、その女性誌を見た日経ＭＪからも取材を受けました。

◇Yahoo! ニュースの場合

若者の新聞離れが進むなか、無視できないのがネットニュースです。Yahoo! ニュースを例にとって考えてみたいと思います。

ネットニュースのネタ元は、記事の参照元を見ればわかります。ヘッドラインへの掲載は難易度が高いので「地域カテゴリ」を見てください。例えば、「地域カテゴリ 兵庫県」ニュースの参照元を見るとテレビ各局と産経新聞、神戸新聞NEXTが多いことから、「産経新聞の地方欄」と「神戸新聞」に掲載されると Yahoo! ニュースに転載される可能性が高まることがわかります。

さらによく見ると参照元に「みんなの経済新聞ネットワーク」という名前があります。みんなの経済新聞ネットワークは、地域情報を伝える全国規模のネット専門新聞ネットワークです。「新装開店しました」「3周年を迎えました」というようなローカルな内容の話題も記事として配信されますが、ここで配信された記事は、すべて Yahoo! ニュースに転載されます。

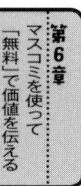

◇テレビの場合

テレビの場合は報道かバラエティかによって求める情報は違います。

プレスリリースを直接テレビ局に送付する場合は、番組の傾向をよく調べて、写真を中心とした「テレビ局用にアレンジしたプレスリリース」を担当者宛に配信する必要があります。

しかし、テレビ番組のプレスリリース採用は難易度が高いのも事実です。

私の経験では、「記者クラブでの発表」や「新聞や雑誌に掲載された記事」を見てテレビ局からの問合せが来るというケースが多いと感じています。

テレビの影響力はまだまだ絶大です。

パブリシティは訴求力が広告の3倍と言われています。関西ローカルの番組でも15秒CMで二十万円はしますので、例えば2分間放送された場合二十万×8×3倍で四百八十万円相当のテレビCMを流したのと同じ値打ちがあったと考えて良いかもしれません。

時々、テレビで紹介されたのに「まる1日取材協力したのにちょっとしか放送されなかった」と不平を言う人がいますが、媒体効果換算をしたらメリットが感じられると思います。

もうひとつの方法として、テレビ局のネタ元に対して、アプローチしていく方法があります。テレビ局の番組スタッフは、どこからネタを探して来るのでしょうか？私は、「メディア数珠つなぎ」と呼んでいるのですが、新聞の地方欄や地方新聞、業界新聞に載った記事を見てテレビ局が取材。その放送を見た他局からまた取材が入るという傾向があります。

最初は、地方新聞や業界新聞からアプローチしていくことをお薦めします。

ちなみに、テレビ局の番組スタッフは「視聴者にとって価値があるか」、「絵（動きのある映像）になるか」、「新規性、話題性、社会性があるか」という切り口で情報を探していますが、取材されやすい鉄板ネタのようなものがあれば、ホームページにあらかじめ用意するのも有効な手段です。

播州ハムの場合は「オーダーメイドハム」が鉄板ネタでした。この話題のお陰で、定期的にテレビ取材がありました。あと、狙ったわけではありませんが「何ヶ月待ち商品」や「高級食材」「超こだわり」といった切り口もテレビ受けが良かったように思います。

マスコミへのアプローチも「恋愛」とよく似ています。

ラブレター（プレスリリース）も、誰に対しても同じ文章で良いはずがありません。相手の好みを研究してから、作成する必要があります。

テレビ取材の受け方

番組には必ず編集方針があります。取材に対して費用はかからない反面、企業側が内容をコントロールすることはできません。

テレビ取材は「広告」ではありません。

テレビ局は取材先の企業や商品を有名にするために番組をつくっていないことを認識する必要があります。バラエティ番組では番組を盛り上げるために、大切な商品を粗末に扱われる可能性もあります。

どうしても、内容をコントロールしたい場合は番組スポンサーになることです。

テレビ取材は、うまく活用できれば知名度向上や売上アップにつなげられる反面、一歩間違えばブランドイメージを失墜させてしまう危険性もあります。
単に知名度を上げるだけが目的なら、テレビ取材はすべて受けても良いかもしれませんが、ブランディング目的の場合は、京都のお茶屋が一見さんお断りで店の格を守っているように「マスコミ取材お断り」という方針もアリだと思います。

テレビ局から取材の申込みがあった場合は
趣旨や内容を確認して、問題がなければ取材を承諾します。

ただ、この段階では企画会議に候補として挙がっただけかもしれません。その場合は担当者から「これはできますか?」「これはありますか?」と質問が矢継ぎ早にきます。番組には編集方針があるので、こちらの意向が１００%反映されるとは限りません。しかし、取材を希望する場合は、まずはすべて「はい」で答え、対応できないことは「〜ならできます」と言い換えて返事をします。

企画内容に口出しは厳禁ですが、取材対象の商品より自社として露出させたい商品があった場合、その方が番組的によい絵（画像や映像）が撮れそうであれば提案します。企業秘密などで公開できない箇所は前もって伝え、万が一映ってしまったときにはカットをお願いします。

後は、放送日を待つだけです。

ただし、広告ではないので必ず放送されるとは限りません。

取材方法や編集方針に文句を言う人がいますが、私は、数あるなかから選ばれたことに対して感謝しかないと思っています。テレビ対応も相手の立場から考えると、お互いに気持ちの良い取材の受け方が見えてきます。

信頼関係を築くことが大切です

ところで、マスコミが嫌うことをご存じでしょうか?

それは「嘘」です。

ガセネタを流してしまうと、報道の権威を大きく失墜させてしまいます。

また、記者は重要なニュースを一社だけが報道できずに落とすことを「特オチ」といって嫌います。特定のマスコミだけに情報を漏らす「えこひいき」も嫌います。

プレスリリースの内容に興味を持った記者は、情報収集のために企業のホームページを閲覧することが予想されます。関連情報や会社概要、自己紹介といった内容を充実させましょう。

記者との信頼関係を築くツールとしてホームページは必要です。

過去に掲載された雑誌や取り上げられたテレビ番組などのマスコミ紹介一覧をつくって、取材実績がある「信頼できるネタ元」であることをアピールするのも有効な方法です。

あとは、できるだけ記者と実際に会って話をすることをお薦めします。

しかし、マスコミも取材ネタを求めている反面、売り込みばかりしてくる相手に対しては嫌悪感を持つことがあります。相手の立場、相手の感情を尊重しながらマスコミへのアプローチをすることが大事です。

「継続的」に取材されるためには相手の立場に立って物事を考えマスコミと信頼関係を築くことが大切です。

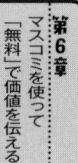

遠回りの道を選びましょう

11月1日が「ソーセージの日」なのをご存じですか？

この記念日は横芝光町商工会青年部がまちづくりの一環として制定しました。

横芝光町は、千葉県にある人口約2万人の町です。

２０１５年。商工会青年部のメンバーが日本のハム・ソーセージ業界の発展に大きな功績を残した大木市蔵氏が地元の出身であることに着目し、当時のレシピを参考に、地元産豚肉を使用した「大木式ハム・ソーセージ」を復刻。

その後、我が国の品評会に初めて国産ソーセージ（大木氏が製造）が出品された大正6年（１９１７年）11月1日を「日本で初めて国産ソーセージが陽の目を見た日」として日本記念日協会に申請し、認定に至りました。

11月1日の「1」の字をソーセージに見立てたロゴも制作済みです。「ソーセージの日」の知名度が上がれば、大木市蔵氏も注目され、新名物の「大木式ハム・ソーセージ」を食べに横芝光町に人が訪れる。

よくできたブランディングの設計図だと思います。

商工会青年部が地元の豚肉で食肉加工品をつくっただけならローカルニュースで終わりです。しかし、地元の偉人を顕彰するためにハム・ソーセージを復刻させ、それに関する記念日を制定した話題なら全国のマスコミから注目されるようになります。

横芝光町商工会青年部の皆さんには、播州ハムの初代工場長が大木市蔵氏の弟子だったご縁で、２０１４年に工場視察で来社いただきました。「ソーセージの日」が全国的に認知される日を楽しみにしています。

一見遠回りに見えるパブリシティの方が、結果的には「新規性」「話題性」「社会性」があって大きな記事になります。

◇第6章のポイント

パブリシティの基本はプレスリリース。

プレスリリースは記者クラブで発表する。

「新規性」「話題性」「社会性」は意識してつくる。

最初は地方新聞や業界新聞からアプローチする。

媒体ごとの特性の違いを理解して対策を考える。

マスコミとは信頼関係を築くことが大切である。

第7章

インターネットで価値を伝える

パソコンの向こう側の人間で考える

私は１９９７年の黎明期からネットビジネスを見続け、実践してきました。

その間、集客や販促の手段はホームページ、メルマガ、ＳＥＯ、ブログ、アフィリエイト広告、リスティング広告、ＳＮＳとめまぐるしく変わりました。

メール離れする若者、検索せずにアマゾンから直接購入するユーザーの増加、メルカリの台頭……ネットニュースを見る度に「変化についていけない」と不安になる人も多いかと思います。

でも、安心してください。ネットビジネスの基本は、インターネットが誕生してから20年以上経った今もまったく変わりません。大事なことは、「パソコンやスマートフォンの向こう側には人間がいる」という事実です。

ターゲットとする人間の目線から「どう感じたときに、どんな行動するのか」という行動を予想すれば、新しいツールの使い方は見えてきます。

たとえば、SEO（グーグルなどで検索した際に自社のホームページを上位に露出させるための対策）という考え方がありますが、私は1999年から過度なSEOは逆効果と言ってきました。

検索エンジンのアルゴリズムをアップデートしているのはエンジニアの人間です。彼らの仕事は検索品質を上げることです。彼らは、ユーザーに対して良質な情報提供しているサイトの評価を上げる一方、検索順位を上げるための不正行為があるサイトの評価を下げようとします。最近はAIをベースにしたアルゴリズムも採用されていますが基本は同じです。

となると企業側のSEO対策は簡単です。ユーザー（お客さま）の求める情報を充実させる方が、最終的に結果を出すことができます。

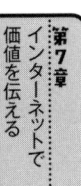

ブランディングへの利用

思い出してください。個人が情報発信する手段なんて、つい最近までありませんでした。私は、1997年にインターネットを使い始めたとき「世界がひとつにつながった」と感じ、2004年にブログを書き始めたとき「世界中の人が情報発信する手段を手に入れた」と感じました。そして、その後のSNSの普及で「人と人との距離がますます近くなった」と確信しています。

インターネットは中小企業や個人商店にとって「神様からのプレゼント」です。

インターネットの登場は、情報発信ならびにお客さまとの関係性を深める手段となり、自らの力でブランディングすることが可能になりました。

これからも、新しいツールが登場してくると思います。
それを使いこなす人間も

①パソコンを勉強して覚えた世代
②生まれたときからパソコンがある世代
③物心がついたときからスマートフォンがある世代

と移行し、情報リテラシーは年々上がっていきます。

インターネットを使ったブランディングの手法はその時々で変わってきます。しかし、パソコンやスマートフォンの向こう側にいる人間を忘れなければ変化に即応することは可能です。

スマートフォン時代への対応

iPhoneに代表されるスマートフォンの普及は、私たちの社会や生活スタイルを一変させるほどの大きな影響を与え、この変化によってお客さまの行動パターンが大きく変わりました。

10年前、私は「ホームページはできるだけ充実させましょう」と言いました。

ところが最近は、お客さまの動線が変化したことから「ホームページは必要だけれども、昔ほど力を入れなくてよい」と言うように変わりました。

しかし今でも、新規取引先や銀行、新卒学生、取材先を探しているマスコミのリサーチャーなどは企業のホームページで必要な情報を確認しています。

また、ツイッター、フェイスブック、インスタグラムなどＳＮＳの情報は流動的なのに対して、ホームページは情報をストック・整理できる点で勝っています。

◇スマートフォン対応のホームページをつくる

検索する場合も、スマートフォンからの閲覧がパソコンでの閲覧を上回り、スマートフォンで見にくいホームページの離脱率は年々高くなっています。

グーグルの表示順位は、ビジネスに大きな影響を与えますが、2015年4月からスマートフォンでの閲覧に適したページの検索順位を引き上げ、適さないページの順位を引き下げるアルゴリズムを採用しました。

スマートフォン対応になっていないホームページは対策が必要です。

新しくスマートフォン専用のページをつくる方法もありますが、それだと2つのホームページをそれぞれに管理・更新しないといけません。私は、パソコンとスマートフォンの両方に対応したワードプレスを使って、新しくホームページをつくり直すのが、現時点では一番いい方法だと思っています。

◇ホームページへの導線を考える

お客さまの行動パターンが変わりました。

ホームページ誘導への導線も、見直す必要があります。

スマートフォンとＳＮＳの相性は抜群です。ＳＮＳからホームページへの誘導ならびに、ブログやホームページの情報をＳＮＳを使って拡散する方法を考える必要が出てきました。ＳＮＳを活用する際には、次のような「共感の獲得」と「情報拡散の仕組みづくり」を考えていくのが大切なポイントになります。

・「共感」を獲得するためにはどんな行動が必要か？

・ＳＮＳ映えするシーンを提供できるか？

・人に知らせたくなるような新規性はあるか？

・人に自慢したくなるような話題性はあるか？

・どんなハッシュタグで「拡散」して欲しいか？

お客さまの行動が変化した現状を踏まえて、「SNSで集客」→「ブログに誘導」→「ホームページに誘導」という導線を考えるのが、現時点ではベストだと思っています。

① パソコンとスマートフォンの両方に対応したホームページをつくる
② 会社案内や商品案内はホームページの固定ページでしっかりとつくり込む
③ 社長（店主）の想いをホームページの固定ページでしっかりと伝える
④ ホームページ内にブログを設置、更新内容を充実させる
⑤ SNSを使ってブログにお客さまを誘導する
⑥ ブログからホームページに誘導する

時代の変化を正しく理解し、
常にお客さまの目線からその行動を予測し、
商売につながる導線を見つけていかなければいけません。

SNS からホームページへの導線を考える

「SNSで集客」→「ブログに誘導」→「ホームページに誘導」

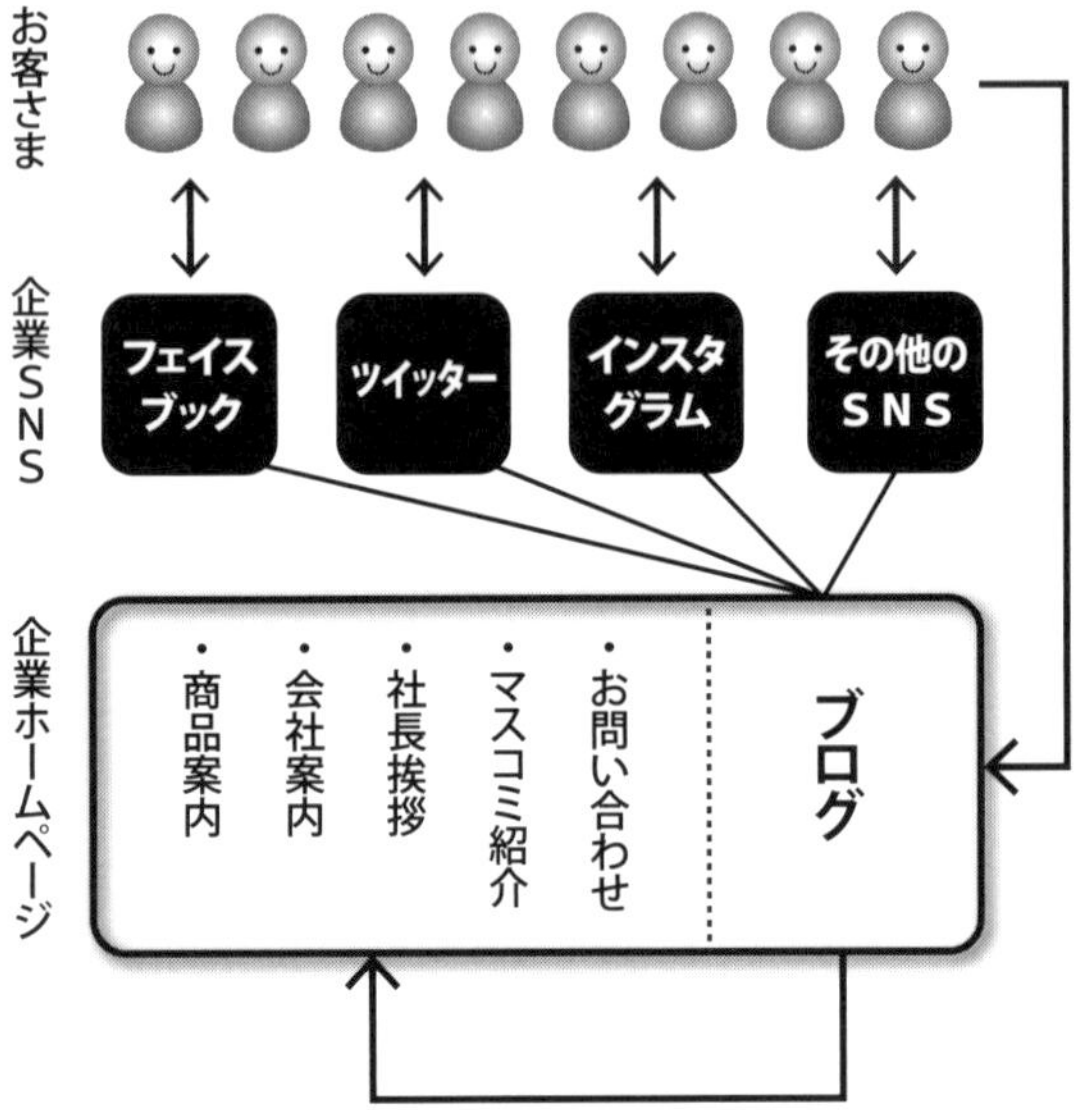

・SNSからブログ記事へのリンクを設定
・SNSのプロフィール欄にブログやホームページのリンクを設定
・ホームページやブログにSNSシェアボタン(SNSに情報を入力するために設置される、ボタン型のインターフェイス)を設置

クチコミ操作はご法度です

商品やサービスの価値を伝えるネット上のクチコミやレビューは効果があることから、意識的につくり出そうとするクチコミマーケティングが誕生しました。

クチコミがウイルスのように広がるということから、バイラル・マーケティングとも言います（バイラルとは「ウイルスのような」という意味です）。

一方、略して「ステマ」とも言われているステルスマーケティングは、公平性を欠いた情報操作といえます。飲食店や宿泊施設のレビューに店舗側が利用者のふりをして書き込みしたり、タレントやモデルが特定の商品をソーシャルメディアで紹介することにお金を支払ったりするなど、宣伝とわからないような宣伝工作で、ゲリラ・マーケティングとも言われます。

人は感情操作されたと感じたとき、大きな反発を起こします。

以前より情報リテラシーが高い人が増えた現在、クチコミ操作はご法度です。

また、ツイッター、フェイスブック、インスタグラムを商売に利用しようとする人がいますが、これらSNSは基本的には同じ感性の人がつながったり、友だち同士の関係性を強めたりするためのツールです。

居酒屋で楽しく盛り上がっているときに、鞄の中から商品パンフレットを出してきて売り込む人間を、ほかの参加者はどう思うでしょうか?

商品やサービスをSNSで紹介する場合も、

本当に良いと思ったから紹介した↓買ったら良かった。ありがとう

友達が困っているから協力した↓とても嬉しい。ありがとう

という関係をつくるべきです。

伝言キーワードを仕込む

クチコミは伝言ゲームに似ています。

伝言ゲームを重ねると、どんどん元の言葉からかけ離れた答えになるように、ネット上で自然発生したクチコミは人を経由するごとに不正確さが増していきます。

クチコミ操作はご法度ですが、自然発生だけにまかせるのも危険です。

たとえば、少量生産のおいしい和菓子屋があったとします。残念ながら「おいしい」は主観なのでクチコミされにくいキーワードです。

ところが、クチコミを自然発生にまかせると、「入手困難」「高価格」「敷居が高い」といった店側が意図しないイメージがネガティブな情報として一人歩きしてしまうことがあります。

そこでお薦めは、伝えたい伝言キーワードをメッセージに仕込むという方法です。

次のような点を考慮しながら、キーワードをメッセージに挿入していきます。

・インパクトがあるか？
・具体的にイメージできるか？
・知っていることを自慢できるか？
・伝言しやすいか？

和菓子屋の例だと「文化人の田中さんご用達」「隠し味に○○を使用」「毎朝9時までに完売」といったようなキーワードがあればクチコミされやすくなります。

ネットユーザーはオウム返しのようにネット上の言葉に反応する傾向があります。

私の経験からこの方法は非常に有効だと信じています。

私が手掛けた事例で特に効果があった伝言キーワードには「脂が旨い」と「松浦亜弥」があります。

◇伝言キーワード「脂が旨い」

播州ハムに炭火焼きベーコンという商品がありました。

このベーコンは国産豚ばら肉を使ってつくった本格派商品だったのですが、ネット通販を始めた当時は「脂が多い」とクレームの一番多い商品でもありました。

ネットで販売するベーコンに関してはできるだけ脂の少ない商品を選別して発送したのですが、それでもクレームが減ることはありませんでした。

そこで、ベーコンは本来脂を食べるものであること、ベーコンの旨さは脂にあり、脂の旨さを求めて国産豚ばら肉を使用していること、国産豚ばら肉は脂肪が多いのが特徴であることなど「脂が旨い」という伝言キーワードを商品の説明文に挿入したところ、クレームは皆無となり、逆に、脂がたっぷりついたベーコンの写真を掲載し「国産肉でつくられたベーコンです。おいしそうでしょう」と絶賛する投稿がネット上に溢れるようになりました。

◇伝言キーワード「松浦亜弥」

２００６年。ご当地グルメ・姫路おでんの伝言キーワードを選定している際に「生姜醤油で食べるおでん」だけではインパクトが弱いと感じていました。

そんなある日、当時アイドルとして人気絶頂の松浦亜弥さんがあるテレビのバラエティ番組で「生姜醤油で食べる地元のおでんを紹介した」というネット記事を見つけました。

そこで、姫路おでんのホームページのリード部分に「姫路出身の歌手・松浦亜弥さんがテレビで紹介したおでん」というメッセージを追加しました。その結果、姫路おでんは「生姜醤油」「松浦亜弥」というふたつのキーワードで狙い通り全国に情報拡散することができました。

キーワードが、適切であれば、クチコミとして自然に広がっていきます。

クチコミされたいと思うキーワードを見つけることは、ブランディングの観点からも大事です。

とっておきの秘策

ＳＮＳ時代の到来によってインターネットの活用方法は変わりましたが、インターネット誕生から20年以上たっても変わらない秘策があります。
それは、インフルエンサーを味方につけるという方法です。

インフルエンサー（世間に与える影響力が大きい行動をとる人物）を味方につけるひとつ目の方法は、自分もインフルエンサーになることです。

私は、２００７年にご当地グルメ「姫路おでん」のブランディング活動の際に、「我がまち姫路」と「食べること」が好きな市内のブロガー仲間に声を掛けて「おでん探検隊」というグループを結成しました。

探検隊のおかげでインターネットを通じて全国にその魅力を情報発信することができました。Yahoo!がおでんに関するアンケート調査を実施した際も、探検隊の協力で「日本三大おでん」としてYahoo!ニュースのヘッドラインＴＯＰに姫路おでんを登場させることに成功しました。

こう書くと「ハードルが高すぎる」という声が聞こえてきそうですね。しかし、難易度が低く再現性の高い手法は、誰でもマネすることが可能です。大きなアドバンテージを持つには、ほかとは違うスキルの獲得も必要です。

インフルエンサーを味方につけるふたつ目の方法として、承認欲求を満たすという方法があります。

記者発表の会場に招待したり、未公開情報を提供するなど、彼らのプライドを満足させるような仕掛けを考えてみてください。

ただし、金銭の支払いはＮＧです。金銭が絡んだ人間関係は金の切れ目が縁の切れ目になります。ステマが発覚するとブランドの信用を失います。

インフルエンサーを味方につける方法以外にももっとシンプルな、とっておきの秘策があります。

「陰で褒める」

ただ、それだけです。

ネットの世界では、陰口がなぜか本人に伝わってしまうことがありますが、陰で褒めたことも本人の耳にはちゃんと届きます。褒めるときのポイントは、本当に良いと思ったことだけを、そっと褒めるということです。見返りを期待したり、心にも思っていない発言をすると、すべて見透かされてしまいます。

運勢を良くする方法として陰徳を積むというのがありますが、これと似ているのかもしれません。

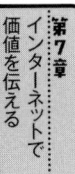

◇第7章のポイント

パソコンの向こう側にいる人間の立場で考え、
「どう感じたときに、どんな行動をするのか」
を考えれば時代の変化に即応できる。

人は感情操作されたときに反発する。
クチコミ操作はご法度。

スマートフォンの普及でお客さまの行動が変わった。

SNS活用のポイントは
「共感の獲得」と「情報拡散の仕組みづくり」

第8章

変わったこと、変わらなかったこと

世の中は変わりました

我が家の昔話です。

姫路藩の下級武士だった、私の曾々おじいさん・堀田孫次郎が明治維新という時代の大変革期に選んだ職業は「氷屋」でした。当時の氷屋は、冬場に採氷した天然氷を氷室（ひむろ）に貯蔵し、需要が高まった夏場に高値で売るというビジネスモデルでしたが、機械製氷が主流となると商売の主力を「材木屋」へと転換しました。

その後、私のおじいさん・堀田保次郎は終戦という大転換期を経て１９５０年に材木屋から「ハム屋」へ転業。そして私は２０１６年にハム屋からコンサル業へ転業しました。

時間軸はどんどん加速を早めています。

かつて企業の寿命は30年と言われていましたが、グローバル化やネットワーク化によって今では10年を切ったと言われています。これまでと同じ形態では、大企業でも生き残れない時代になりました。自社のビジネスモデルや存在価値を見つめ直す時期に入ったと思います。


インターネットの発達により、新しい業種・業態が出現しました。そのなかには、商売の場所をインターネットに移しただけでなく、発想が極めてインターネット的な企業も数多く誕生しました。その代表格がアマゾンとグーグルです。

◇アマゾン
アマゾンは「すべての商品・サービスを買える店」をめざしています。

ネット書店からスタートしたアマゾンは、今では家電、アパレル、食品の販売から、電子書籍や映画のダウンロードもできる世界一のネットショップとなりました。

さらに、その勢いはリアルへと拡大しています。

家電に組み込まれたアマゾンの音声認識装置から注文すると、自宅近くのアマゾンが運営する無人コンビニから自動運転車やドローンであっという間に商品が届く。そんな日の到来はもうすぐです。そうなると、流通完全制覇ですね。

日本中の企業が「うちのライバルはアマゾン」という日が来るかもしれません。

◇グーグル

グーグルは「全世界すべての情報のデジタル化」をめざしています。

検索エンジンの世界で圧倒的な存在感を持つようになったグーグルで出てこない企業や商品は、この世の中に存在しないのも同じという状況になりつつあります。

グーグルはその他にも多くのサービスを無料提供しています。彼らが欲しているのは世界中すべての情報です。

グーグルはビックデータを集め、整理することによって新たな価値の創出をめざしています。そして、世の中の情報を掌握した時、世界のスタンダードを決めることのできる企業となり、国家や民族の枠を超えた特別な存在になります。

グーグルは神になるのか、悪魔になるのか。

グーグルの行動規範「Do the Right Thing（正しいことをやれ）」が真実であることを心から願っています。

◇英オックスフォード大学の予測

２０１５年12月。野村総合研究所が、英オックスフォード大学のマイケル A．オズボーン准教授らとの共同研究により、10〜20年後、日本の労働人口の49％が人工知能などで代替可能という予想を発表しました。

私自身の最近の事例でも、申請書類はグーグル検索で記入方法を調べて作成するようになりました。事務用品はすべてアマゾンで購入するようになりました。必要な記事は新聞よりスマホで閲覧するようになりました。

少なくとも私に関しては司法書士や行政書士、社労士、文房具店、新聞配達という職業がここ数ヶ月の間に不要になったということです。

皆さんの商売は時代の変化に対応しているでしょうか？

皆さんの商品やサービスに、独自の価値はあるでしょうか？

そして、その独自の価値はお客さまにとって、同業他社より価格が高くても欲しいと思えるようなものでしょうか？

台湾からの電話

播州ハム閉店から9ヶ月たったある日、台湾から、たどたどしい日本語で一本の電話がかかってきました。最初は営業の電話だと思いました。

ところが話の内容は「播州ハムの閉店はショックだった」、「リニューアルされたホームページにはハムの技術コンサルもやっていると書いてあるが、私が指導を受けることは可能だろうか?」という予想外のものでした。

その数日後、通訳の女性から電話があり「彼が台湾でハム屋を経営していること」「私の技術指導を希望していること」を知りました。半信半疑でしたが、面白そうだったので台湾行きを決めました。

現地に到着すると、先方の本気度がすぐにわかりました。

オフィスには、YouTubeで公開されている播州ハムの動画を保存したDVDがあり、彼は「60回以上は見た」と言っていました。

来日した際に、播州ハムを買うために姫路に立ち寄り、そこで買ったロースハムに感激した話や、閉店の知らせを聞いたときは本当にショックだったという話を聞きました。

播州ハムの情報が、台湾に伝わっていたことには驚きましたが、よく考えてみると、私もこの台湾出張を決める際に、「彼の会社のホームページの内容」「彼の会社の存在」「彼と通訳の女性の人物像」をグーグルの翻訳機能やストリートビュー（道を歩いているかのように周りの景色を見渡せる地図機能）、フェイスブックなどを使って情報を入手していました。

世界はインターネットでつながっている。

今まで知識として理解していたことをつくづく実感したのでした。

リニューアルした弊社ホームページに記載した「食肉加工品の技術指導」というたった1行の業務紹介から、海外から仕事の依頼がありました。

ハムの技術指導の際は通訳がつきましたが、宿泊先のホテルやタクシーでは日本語が通じませんでした。しかし、iPhone にインストールした翻訳アプリを使えば北京語で意思を伝えることができました。

通訳との事前の打ち合わせはメッセンジャーの電話（無料通話）機能を使ったので、国外という距離感を感じることはありませんでした。

世の中は変わりました。「語学が苦手だから」「地方だから」「会社の規模が小さいから」「予算がないから」と言い訳できない時代になりました。

新しいビジネスチャンスは、どんどん誕生しています。

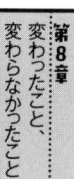

ブランドで一番大切なもの

播州ハムは、66年間の歴史に幕を閉じましたが、ひょっとするとハム屋として存続する道はあったかもしれません。

顧問税理士の先生に清算の報告をした際、いただいたアドバイスは「M&A」でした。これは、ありがたい助言でした。清算を決断してから一番の心配は従業員の再就職だったので、M&Aならその問題も解決できると思いました。

ただ同時に、「播州ハム」という名前だけが残ったとしてもまったく違う商品になってしまえば、お客さまへの裏切りになるし、私自身、この先「播州ハム」の文字を見る度に涙が出るだろうとも思いました。

考え抜いた末、弊社のハムづくり精神を受け継いでもらえそうな企業名が頭に浮かび、すぐに面談することになりました。

先方の社長の返答は、「播州ハムブランド＝堀田社長です」、「機械やレシピを引き継いでも播州ハムにはなれない」というものでした。

不思議なことに、断られて残念という感情は起こりませんでした。

逆に、この言葉に納得している自分がそこにありました。

その後、複数の企業からM&Aの打診がありましたが、従業員の再就職先が確保できたこともあって、申し出には感謝しつつお断りさせていただきました。

M&A以外にも、従業員を半分以上リストラし、利益率の高いハム・ソーセージ部門だけに企業規模を縮小。販売チャネルも直売に限定することで利益の確保を図るという方法もあったかもしれません。

しかし、誰を残して誰をリストラするのか？　残った人には、今より低い給与で今まで以上に頑張ってもらうことになるが本当にそれで良いのか？

それならば、好条件の再就職先を探す方が得策だと考えました。

また、「国産肉へのこだわりをやめる」「製造工程を3分の1に短縮する」など大幅なコスト削減という方法もありました。

しかし、これをやってしまうと短期的に延命できたとしても、弊社商品の存在意義がなくなってしまうことで、いずれ同じ結果を迎えることは明らかでした。

きれいごとと批判を受けるかもしれませんが、どの道を選んでも播州ハムの企業理念や、ブランドプロミスを守れないという結論に達し、清算という道を選択しました。

清算を決断したとき、借入金や買掛金を支払えそうだということ以外は、まったくその後の見通しは立っていませんでした。


ところが、フェイスブックで閉店の告知をしたところ、信じられないような奇跡が次々に起こりました。

地元の新聞社に、読者から「本当に閉店?・」「なぜ閉店?・」という問合せがあり、記事として大きく取り上げていただき、それを見たテレビ局からモノレール駅ビル解体の話題と共に、「昭和の薫りが消えていく」という切り口で特集を組んでもらうことができました。

フェイスブックの閉店に関する記事は、友人たちのつながりによってすごいスピードで拡散され、二千三百万円あった在庫や半製品も、最終日の午後三時に完売することができました。

フェイスブックでは、従業員の再就職先募集や機械装置の入札も行いました。再就職先の募集には、全国からたくさんの申込みをいただくことができ、再就職の斡旋を希望する従業員に複数の企業を紹介することができました。

機械装置も全国からの入札の結果、希望価格五百万円に対して九百八十万円で売却することができ、退職金や慰労金に充てることができました。

今、思い返しても、２０１６年６月13日の閉店告知から８月20日の閉店までは奇跡のような出来事の連続でした。

清算にあたって、これまで自分が素晴らしい人とのつながりに守られてきたことに気づくことができました。閉店の発表を自分のことのように心配してくれたお客さまや取引先、最後まで見捨てることなく支援いただいた金融機関に不義理をすることなく、清算できてよかったと思っています。

閉店の告知後は、すべてを失う覚悟はできていました。

しかし、「家族」「友人」「信用」「健康」「仕事のスキル」「人脈」など、本当に大切なものは何ひとつ失っていないことに気がつきました。逆にこれらの大切なものを失わなかったからこそ、奇跡が起こったのだと思っています。


ブランドとはイメージや品質に対する保証だけではなく、企業そのものの「信頼」であることを学びました。

また、ブランドの根幹にあるのは、企業理念の実践だと学びました。

近年、大手企業による偽装や不正行為が頻発しています。

これら企業の企業理念にも「安心安全をめざす」「顧客のために」「社会貢献」といった文言が書かれていたと思います。しかし、利益確保や企業存続を優先させた結果、違法行為への誘惑に負け、これらの理念は「嘘」となってしまいました。

ブランド構築には時間がかかりますが壊すのは一瞬です。企業理念を実践することこそが本物のブランディングにつながります。


人も企業も、社会とのつながりを無視して生きていくことはできません。

私も、信頼を守り抜けたからこそ、多くの友人たちの協力を得てコンサルタントとして再スタートをきることができました。


ブランドで最も大切なもの。それは「信頼」です。

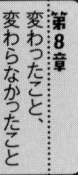

◇第8章のポイント

インターネットの発達で世の中は激変した。

変化に対応できないと生き残れない時代になった。

新しいビジネスチャンスはどんどん誕生している。

ブランドで一番大切な物。それは「信頼」

ブランドの根幹にあるのは「企業理念の実践」

最終章

アドバンテージマーケティングについて

独自の価値を見つけ、一歩抜け出す

いよいよ、最終章です。

ここでは私・堀田周郎（ほりたのりお）が提唱している

アドバンテージマーケティングについて書いてみたいと思います。

大事なことなのでもう一度書きます。これまでマーケティングは販促を中心に語られてきましたが、モノ余りの今、これにブランディングの概念をプラスしていかないと商品やサービスを選んでいただけない時代になりました。

しかし、これまでのブランディングは、大企業が多額の広告費をかけてつくるもので一般企業には縁のないものでした。ところが、インターネットの登場でその状況は一変しました。

中小企業や個人商店もブランディングが可能になりました。中小企業や個人商店の方がブランディングが簡単な時代がやってきました。

この事実をひとりでも多くの方に知ってほしいと思いました。そこで、これまでのマーケティング手法に、私が実戦経験から学んだブランディングの概念を加えた仕組みづくりや理念をまとめ「アドバンテージマーケティング」と名づけました。

アドバンテージ（advantage）は「有利さ」とか「優位性」という意味があります。

アドバンテージマーケティングではブランディングを中心に考えていきます。けっして販促を軽視しているのではありませんが、結果として売れればよいという「短期的」な結果を求めるのではなく、ブランディングの観点から「長期的」に売れ続ける仕組みづくりをめざします。

アドバンテージマーケティングは、独自の価値を見つけ一歩抜け出すことで「売り込まずにお客さまから選ばれる」関係性の構築をめざします。

POINT

マーケティングにブランディングの
概念を加えて考える事が大切です。

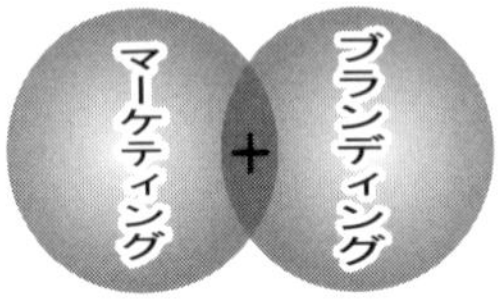

POINT

アドバンテージマーケティングでは
ブランディングを中心に考えていきます。

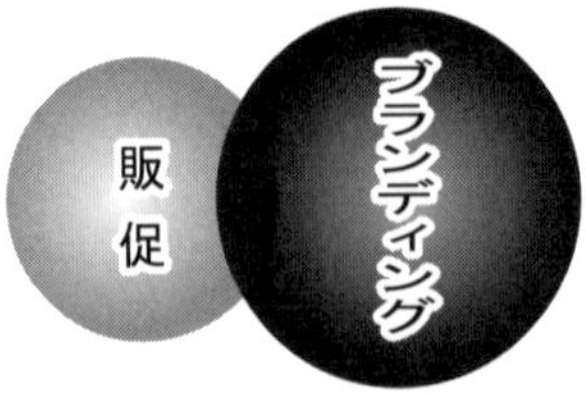

4つのステップ

アドバンテージマーケティングでは、次の4つのステップを実行していきます。

①価値を見つける
②価値を高める
③価値を伝える
④価値を守る

それでは、本書の復習をしながらブランディングの手順について説明していきたいと思います。

◇ステップ①「価値を見つける」

独自の価値を見つけることがブランディングの第一歩です。

この作業をいい加減にすれば、その後やればやるほど迷路に陥ってしまいます。

価値は身近なもの、当たり前と思っているもの、弱点だと信じているもののなかに隠れていることがあります。先入観を持たずに探し出してください。またこの段階で「誰に」、「何を伝えて」、「どう思われたいのか」という、今後のコミュニケーションの方向性を決定します。

基本コンセプトの構築なしにブランディングの成功はあり得ません。

◇ステップ②「価値を高める」

見つけた価値の魅力をさらに高めていきます。

本書では価値を高める方法として「変化させる」「絞り込む」「冠を獲得する」「物語を語る」「価格で宣言する」「関係性を築く」「ネーミング」「メッセージ」など、私の実体験を中心にさまざまな事例を紹介しました。

価値はお客さまの心の中に生まれます。価値を決定するのは１００％お客さまです。価値はお客さまの視点から考えていくことが大切です。

◇ステップ③「価値を伝える」

ブランディングとは、すべての顧客接点を使ってお客さまの心のなかに良いイメージを刻み込むためのコミュニケーション活動です。しかし、マス広告を使った手法は一般企業には予算的に不可能です。

そこで本書では、インターネットやパブリシティを活用して、低予算で価値を伝えるためのポイントを紹介しました。特に、ＳＮＳを使って共感を獲得する方法は大手企業には苦手な分野ですので中小企業の出番といえます。

ぜひ、社長さん自らが勇気を持ってチャレンジしてください。

◇ステップ④「価値を守る」

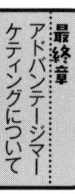

本当のブランディングは売った後から始まります。

ブランドにはお客さまとの約束（ブランドプロミス）があります。一貫性を守り続けることで共感が生まれ、ブランドに対する信頼が生まれます。

近年、食品偽装や検査データ改ざんなど、ブランドの信頼を失墜させる事件が多発していますが、ブランドの約束は企業の憲法であり、存在意義そのものです。

ブランドを築き上げるには時間がかかりますが、壊すのは一瞬です。

また、商標登録でブランドを守ることも忘れてはいけません。日本の商標制度は先願主義です。以前から使い続けている名前も先に登録されると使用できなくなります。

ブランドの価値は守り続ける覚悟と努力が必要です。

アドバンテージを獲得するために

◇品質について

本書で「品質」に関する話は書きませんでした。

これはアドバンテージマーケティングの手法を使えば、どんな商品でも感情操作によって売ることができる……という話ではもちろんありません。

ブランドの品質が高いのは当たり前。必要最低条件だと思っています。

また、ブランディング成功の最後の要因は「商品力」だと思っています。

ただ、以前は私もそうだったのですが、ものづくりをしている人間は「良い商品をつくり続ければいつかは認められる」という考え方に陥りがちです。

残念ながらこの考えは間違いです。

品質の高さとブランドの認知度に相関関係はありません。

たとえ、世界で一番の品質であっても価値が伝わらなければ、その商品は存在しないのと同じです。

恋愛にたとえるなら

「世界で一番素敵な人になる努力」よりも、

「恋愛相手にとって**世界で一番素敵な人だと思われる努力**」が大切です。

ただし、価値がないものを価値があるように見せかけて売れば、それは詐欺です。

詐欺とブランディングには似た要素がたくさんあります。違いはその手法を使う人の心の中にあるのかもしれません。

しかし、インターネットの発達や人の価値観の変化によってこれまでのような「嘘」は通じない時代に移行しました。どうやら世の中の見えないルールが大きく変わってきたようです。

◇広告について

広告には「レスポンス広告」と「イメージ広告」があります。

これまでブランディングには、テレビCMや美しくデザインされたイメージ広告を大量投入することによって消費者にブランドを刷り込む手法が採られていました。

しかし、この方法で認知度を上げるには三～五億円以上の予算が必要です。知名度の低い企業にイメージ広告はまったく効果がありません。

そのため、中小企業や個人商店の広告は購買にすぐにつながるレスポンス広告が中心となってきましたが、短期的な結果を求めるがゆえに伝え方によっては企業や商品、サービスのイメージを壊してしまうこともありました。

本書では、パブリシティやクチコミといった方法を紹介してきました。

ただ、無料の手法だけに頼ると時間経過と共に、企業が伝えたいブランドイメージとお客さまの心の中にめばえたイメージにズレが生まれてきます。このズレを修正するために、ブランドの知名度が上がってきた時点で広告が必要になります。

広告費を払えば、ブランドイメージを表現できるロゴや写真、キャッチコピーで正しいメッセージを伝えることができます。ここでの広告費は経費ではなく、ブランドを守り育てるための「投資」です。時期が来れば「エリアを限定する」「対象を絞り込む」など、予算を押さえながらブランディングを目的とした広告宣伝を行う必要があります。

◇アドバンテージマーケティングのポイント

アドバンテージマーケティングでは、独自の価値を見つけ、一歩抜け出すことを目標にしますが、儲けるためには手段を選ばないという考え方を否定します。

お客さま、従業員、社会と共に生きる道を選択することがブランディング成功の秘訣です。

ブランディングには「共感」の獲得が不可欠です。

ブランディングには「長期的な視点」が大切です。

ブランディングで一番大切なものは「信頼」です。

アドバンテージマーケティングの概念図

アドバンテージ度テスト

では、最後はあなたのアドバンテージ度チェックです。

次の設問に関して直感的に思いつくまま○、△、×でお答えください。

【企業について】

□業界や地元での知名度は高い
□商品やサービスには絶対的な自信がある
□商品やサービスは他社より高値で売れる
□インターネットの活用には自信がある
□オンリーワン、ナンバーワンがある
□顧客のターゲット像を明確に決めている
□熱狂的なファン客がいる
□顧客によるコミュニティがある
□社員が自分の仕事に誇りを持っている
□社内の清掃は行き届いている
□ブランドに詳しい人間が社内にいる
□社外に信頼できるビジネスパートナーがいる
□取引先や金融機関との関係は極めて良好だ
□商標登録出願をしたことがある
□全国ネットのテレビ番組で紹介されたことがある
□商売を通じて地域社会に貢献している
□企業理念があり、それを実践している

【個人について】

□ＳＮＳをよく利用している
□ひらめきはすぐに実行する
□ユニークな人だとよく言われる
□自分は運が強いと思う
□人を喜ばせることが得意だ
□家族を大切にしている
□笑顔が似合うとよく言われる
□プロ級の趣味や特技を持っている

いかがでしたか？「○」は4点、「△」は2点、「×」は0点です
企業と個人の合計得点を計算してください。

・合計90点以上　素晴らしい、すでにブランディングは完成しています
・合計80点以上　もう少しでブランディング完成です。あと一歩です
・合計60点以上　コツコツと強みを積み上げていけば道は開けます
・合計40点以上　得意分野に一点集中して強みを確立してください
・合計39点以下　まずは独自の価値を探すところからスタートしてください

あとがき

ようやく一冊の本が書き上がりました。

編集者の伊藤淳子さんから「本を書きませんか?」と話をいただいてから早いもので一年が過ぎようとしています。

当初は、「播州ハム清算に関する体験記」を書くようにアドバイスいただいたのですが、フェイスブックの拡散による再就職斡旋や機械売却、在庫完売、M&Aの話は播州ハムのブランディングができていた結果であって、再現性は低いと思っていましたので執筆はお断りするつもりでした。

ところがある時、「ある恩人のためにブランディングに関する本を書きたい」と思っていた自分の気持ちを思い出しました。

その人の名は「三石玲子」先生。
インターネットビジネス評論家として活躍されていた方です。

私がネットショップを始めたのは、先生の著書を読んだのがきっかけでした。

1999年。播州ハムのホームページを成功事例として紹介いただいたことから、先生との交流が始まりましたが、実は二度しかお会いしたことがありません。

一度目は、ネットショップ団体主催のセミナーでした。しかし、講演終了後、先生は風のように退出され、名刺交換すらできませんでした。二度目は2001年、中小企業大学校関西校のセミナー。主催者の計らいで別室で名刺交換できたのですが、憧れの人の前で緊張してしまい「はじめまして」と挨拶するのが精一杯でした。

2001年3月。私に講師依頼があった中小企業大学校日吉校の同日講師欄の一覧表に「三石玲子」の名前を見つけ、今度はいっぱい話ができると楽しみにしていたのですが、先生の講演は体調不良のためキャンセルとなりました。

2002年11月。先生が審査委員長をされている日本オンラインショッピング大賞で播州ハムのホームページが最優秀中規模サイト賞に選ばれました。

「今度こそ会える。これまでのお礼が言える」と楽しみにしていたのですが、この日も欠席で私の願いはかないませんでした。でも、この業界にいる限り会うチャンスはいくらでもある。当時は気楽にそう思っていました。


2003年7月4日。三石先生急逝の報がネットを駆け巡りました。悪い冗談だと思いました。というのも、先生は弊社のハムを毎月ご購入いただいているお客さまでもあり、10日程前にハムを送ったばかりでした。

しかし、訃報は本当でした。享年五十歳。早すぎる旅立ちでした。

一期一会の言葉の意味をこの時理解しました。なぜ無理をしてでも感謝の気持ちを伝えることができなかったのか？　今でも後悔の気持ちでいっぱいです。


ネットビジネスの変化は早く、昨日の成功体験が明日には役に立たなくなる状況が続いていますが、先生の当時の発言は今も色あせていません。

私が「ブランディング」を意識したのも先生の書いたある文章がきっかけでした。「先生はブランディングを題材にした本を書きたかったはずだ」と私は思い続けていました。いつの日かこの手で本を書き上げたいと思っていました。

ハム屋時代には日常業務に流されて実現しませんでしたが、この度ようやくその想いを遂げることができました。

三石先生の「本との出会い」が私の人生を変えたように、この本が誰かのお役に立てば幸いです。

今回このような機会を与えて下さった伊藤淳子さんに、心より感謝申し上げたいと思います。

堀田 周郎

堀田 周郎（ほりた のりお）
HAM 株式会社 代表取締役

1958 年、兵庫県姫路市生まれ。1981 年、家業の播州ハムに入社。1997 年のインターネット黎明期から、ホームページなどを活用した情報発信を行い、テレビの料理対決番組や新聞などで日本一のハムと紹介され、当時地元ですら無名だった播州ハムを全国ブランドに押し上げることに成功。また一方では、地域活性イベントの企画や、地域ブランドづくりも積極的に行っている。

自身の経験と実績を基に「マーケティング手法」と「ブランディングの概念」を掛け合わせた「アドバンテージマーケティング」を生み出し、2016 年、HAM株式会社を設立。コンサルタントとして活動を始める。

本当の価値を見つけ出し、「一歩抜け出すための最適な方法」を新たに構築することで、「選ばれる」仕組みづくりを得意とする。

https://ham.co.jp/

脱《だつ》・価《か》格《かく》競《きょう》争《そう》で売《う》れ。
実践《じっせん》アドバンテージ・マーケティング

2018年4月7日　第1刷発行

著者◉堀《ほり》田《た》周《のり》郎《お》
編集◉伊藤淳子（A-Girl Creative）
デザイン・装幀◉加藤保久（Flinthill）
イラスト◉鋤柄よし子
校閲◉安藤栄
発行者◉落合英秋

発行所　株式会社　日本地域社会研究所
印刷所　モリモト印刷株式会社
〒167-0043　東京都杉並区上荻1-25-1
TEL 03-5397-1231（代表） FAX 03-5397-1237
メールアドレス　tps@n-chiken.com
ホームページ　http://www.n-chiken.com
郵便振替口座　00150-1-41143

ISBN978-4-89022-217-9